· 食品类专业融合创新系列教材

分析化学基础

主　编 ● 纪　颖

副主编 ● 丁沪闽

厦门大学出版社
XIAMEN UNIVERSITY PRESS
国家一级出版社
全国百佳图书出版单位

图书在版编目（CIP）数据

分析化学基础 / 纪颖主编；丁沪闽副主编. -- 厦门：厦门大学出版社，2025. 9. --（食品类专业融合创新系列教材）. -- ISBN 978-7-5615-9874-0

Ⅰ. O65

中国国家版本馆 CIP 数据核字第 2025SU4654 号

责任编辑	宋杨萍　桑移凡
美术编辑	张雨秋
技术编辑	许克华

出版发行　**厦门大学出版社**

社　　　址　厦门市软件园二期望海路 39 号

邮政编码　361008

总　　　机　0592-2181111　0592-2181406(传真)

营销中心　0592-2184458　0592-2181365

网　　　址　http://www.xmupress.com

邮　　　箱　xmup@xmupress.com

印　　　刷　厦门市明亮彩印有限公司

开本　787 mm×1 092 mm　1/16

印张　9.5

字数　232 千字

版次　2025 年 9 月第 1 版

印次　2025 年 9 月第 1 次印刷

定价　35.00 元

本书如有印装质量问题请直接寄承印厂调换

编　者

主　　编　纪　颖（福建林业职业技术学院）

副 主 编　丁沪闽（厦门市检验检测认证协会）

参编人员（按姓氏笔画排序）

叶盛超（福建林业职业技术学院）

江施云（福建林业职业技术学院）

李厚标（泉州市鼎凯检测技术有限公司）

陈　锋（南平市产品质量检测所）

张梅桔（福建省建阳农业工程学校）

周建森（福建林业职业技术学院）

施宇虹（福建林业职业技术学院）

黄　艺（福建林业职业技术学院）

曾国强（福建林业职业技术学院）

谢春梅（宁夏葡萄酒与防沙治沙职业技术学院）

蔡丽琼（福建林业职业技术学院）

魏常锦（闽北职业技术学院）

主　　审　陈艺晖（福建农林大学）

内容简介

作为化学的重要分支学科,分析化学是食品检验检测技术及相关专业的一门重要的专业基础课程,具有很强的实践性。

本教材以技能训练为逻辑主线,对知识架构进行重构,重点介绍了分析实验的基础操作,包括 3 个项目、10 个工作任务和 2 个技能考核。

本教材以习近平新时代中国特色社会主义思想为指导,注重家国情怀、责任担当、遵纪守法、公正严明的专业精神与职业精神的融合,同时弘扬劳动光荣、技能宝贵、创造伟大的时代风尚。本教材以满足食品检验职业岗位所需职业能力的培养为核心,突出"实用""规范"的原则,依据"岗课赛证融合"的理念,以分析化学实验操作为基础,紧扣食品检测行业的实验需求,以工作任务为载体,在任务实施过程中,培养学生的职业技能、职业规范、职业道德和工匠精神。

本教材不仅可以作为职业院校食品类专业学生的教材,也可供广大实验室分析检测工作人员、质量管理技术人员阅读和参考。

前 言
PREFACE

分析化学是一门研究和分析物质的组成、含量、结构和形态等化学信息的学科,作为化学的重要分支学科,它被视为科学技术的"眼睛"。分析化学也是食品检验检测技术及相关专业的一门重要的专业基础课程,具有很强的实践性。通过本课程的学习,学生不仅要掌握各种分析方法的基础理论知识和原理,将其应用于复杂体系中各组分的分离分析,建立严谨的分析思维;还要学会规范地进行实验操作、正确地分析数据和评价分析方法,提升专业素养,培养严谨求实的工作作风和求真务实的科学态度。

本教材以项目式、模块化来设计教学内容,体现了前瞻性、实用性、专业性,注重新技术、新设备、新工艺的介绍和讲授,始终把握学科发展的前沿,适应岗位需求的变化,充分展现"项目载体,任务驱动"的教法、学法改革。其中,"任务驱动"是指将完成工作项目和学习任务转化为学生内在驱动力,让学生在理实一体化教学环境中通过完成项目来获得知识和技能,构建个体的知识体系。

本教材内容的选择以培养食品检验职业岗位所需职业能力为核心,突出"实用""规范"的原则,对接"1+X"粮农食品安全评价职业技能等级标准和食品检验工考核要求所必需的知识、技能;引用食品安全与质量检测技能大赛和食品药品质量安全与检测技术赛项的检测项目,紧扣食品检测行业的实验需求;以技能训练为逻辑主线,对知识架构进行重构,重点介绍分析实验的基础操作,共包括3个项目、10个工作任务和2个技能考核,旨在做到"教学做相结合、理实一体化",在工作过程中不断培养学生的职业技能和职业道德。

本教材的主要特色:①思政融合。围绕爱国主义、民族自信、团队合作、创新精神、保护环境和安全意识等方面开展思政教育,发挥课程思政育人功能。②采取线上线下混合教学模式。在课程平台上定期上传教学视频、实验操作视频,并发起热点讨论,激发学生学习热情,提升教学效果。③岗课赛证融通。以岗为标,以课为本,以赛为范,以证为凭,让教材成为岗课赛证融通的良好载体。④融入虚拟仿真实训。在任务实施中有效融入3D虚拟仿真实训,充分激发学生兴趣,培养学生大胆探索、勇于创新的实践精神。

本教材不仅适用于职业院校食品类专业学生,也适用于食品企业在职人员培训,还可供实验室分析检测工作人员、质量管理技术人员阅读、参考。

本教材由福建林业职业技术学院纪颖主编,具体编写分工如下:纪颖负责统筹本教材的整体框架搭建和工作任务的基本资料收集整理,并编写绪论、任务5.2、任务7.1和技能考核;曾国强负责编写任务1.1、任务1.2和任务6.1;施宇虹负责编写任务2.1和任务2.2;周建森负责编写任务3.1和任务3.2;丁沪闽负责编写任务4.1;黄艺负责编写任务3.3、任务5.1和任务7.3;蔡丽琼负责编写任务4.2、任务6.3和任务8.1;叶盛超负责编写任务4.3和任务7.2;谢春梅负责编写任务9;李厚标负责编写任务8.2;张梅桔负责编写任务6.2;陈锋负责编写任务10;魏常锦负责编写任务7.4;江施云负责本教材所有图的绘制。本教材由纪颖统稿,陈艺晖审稿。编者在编写本教材过程中参考了部分院校已出版的教材,在此致谢!由于编者水平有限,本书不妥与疏漏之处在所难免,敬请广大读者批评指正。

编　者

2025 年 4 月

目　录
CONTENTS

绪　论

一、分析化学的任务和作用

分析化学是化学学科的重要分支,是一门研究和分析物质的组成、含量、结构和形态等化学信息的学科。

1. 分析化学的主要任务

①鉴定物质的化学组成:确定物质中存在的元素、离子、官能团或化合物。

②测定各组分的相对含量:测量物质中各组分的具体比例或浓度。

③确定物质的化学结构:揭示物质的分子结构、晶体结构、空间分布以及它们的存在形态(如价态、配位态、结晶态)等。

2. 分析化学的主要作用

①分析化学被誉为"科学的眼睛",因为它提供了获取物质组成和结构信息的方法和理论,这对于化学学科本身以及其他科学领域的发展至关重要。

②分析化学在资源开发、能源利用、环境保护等方面具有重要作用,有助于解决资源、能源、人口、粮食、环境等方面的重大社会问题。

③在医药领域,分析化学用于药物开发、质量控制和代谢研究;在环境科学领域,分析化学帮助监测污染物、评估环境质量并制定相应的保护措施。

④分析化学作为食品类专业的主干基础课程之一,对于培养具有扎实理论知识和实践能力的高级分析检测人才具有重要意义。

⑤此外,分析化学还在生物学、农业科学、地质学、矿物学、海洋学、天文学等多个学科领域中得到广泛应用。

分析化学是一门重要的专业基础课。通过这门课程的学习,学生不仅要掌握各种分析方法的基础理论知识和原理,并将其应用于复杂体系中各组分的分离分析;还应建立严格的"量"的概念,学会科学地分析数据、评价分析方法,从而提升辩证思维能力、专业素养,培养严谨求实的工作作风和求真务实的科学态度,掌握科学实验技能,提高分析问题和解决问题的能力。

思政花园:分析化学是一门历史悠久的学科,其发展历程与人类文明的进步紧密相连。从古代的初步鉴别到现代的精密分析,分析化学经历了多个重要阶段,其发展历程反映了人类对自然界认识的不断深入和技术手段的持续进步,始终在推动科学技术和社会发展中扮演着关键角色。同学们要充分认识该学科的意义,增强对未来职业发展的信心与决心,树立专业自信,增强幸福感和认同感。

二、化学分析的分类

1. 按任务分类

①定性分析:鉴定物质中含有哪些组分,确定物质的化学成分。

②定量分析:测定物质中各种组分的相对含量或纯度,了解物质的具体组成比例。

③结构分析:研究物质的分子结构或晶体结构,了解物质的内在特性。

2. 按对象分类

①无机分析:主要分析无机物质,如金属、非金属及其化合物等。

②有机分析:主要分析有机化合物,如烃类、醇类、酸类化合物等。

3. 按测定原理分类

①化学分析:以化学反应为基础的分析方法,也称为经典化学分析法,主要包括重量分析法和滴定分析法。

②仪器分析:以物质的物理或物理化学性质为基础建立的分析方法,常用的仪器分析方法有电化学分析法、光谱分析法、色谱分析法等。

4. 按被测组分含量分类

①常量组分分析:被测组分的含量通常在1％以上。

②微量组分分析:被测组分的含量在0.01％～1％之间。

③痕量组分分析:被测组分的含量低于0.01％。

5. 按分析的取样量分类

①常量分析:取样量通常为100 mg以上(液体体积大于10 mL)。

②半微量分析:取样量为10～100 mg(液体体积为1～10 mL)。

③微量分析:取样量为0.1～10 mg(液体体积为0.01～1 mL)。

④超微量分析:取样量小于0.1 mg(液体体积小于0.01 mL)。

6. 按分析的性质分类

①例行分析(常规分析):日常进行的常规性分析。

②快速分析:一些要求快速、简易,在短时间内获得结果的分析工作。

③仲裁分析:在争议或法律诉讼中进行的具有法律效力的分析。

三、定量分析中的误差

在定量分析中,由于受到分析方法、仪器、试剂和分析人员主观条件等因素的影响,即使采用最先进的分析方法和最精密的仪器,分析结果与真实值之间也存在差值,这个差值称为误差。误差是客观存在的,不可避免的,应该分析误差的性质、特点,找出误差发生的原因,研究减小误差的方法,以提高分析结果的准确度。

1. 误差的分类和来源

根据误差产生的原因和性质,可将误差分为系统误差和偶然误差两类。

(1)系统误差

系统误差又称可测误差,是由某些固定的原因所造成的误差,使测定的结果偏高或偏低。系统误差具有"单向性",在重复测定时,它会重复表现出来,对分析结果的影响比较固定。产生系统误差的原因主要有以下几种：

①仪器误差：由于所用仪器本身不够准确或未经校正而引起的误差。例如，天平砝码未校正，容量瓶、滴定管等容量器皿刻度不准确等。

②试剂误差：由于所使用试剂或蒸馏水不纯，含有微量杂质和被测组分所引起的误差。

③方法误差：由于分析方法本身不完善而产生的误差。例如，在滴定分析中，滴定终点与化学计量点不完全重合而产生的误差；在定量分析中，因沉淀溶解或吸附杂质等产生的误差。

④操作误差：在正常操作的情况下，由操作者主观因素造成的误差。例如，操作者对滴定终点颜色的辨别不敏锐、滴定管读数偏高或偏低所引起的误差。

（2）偶然误差

偶然误差又称不可测误差或随机误差，是由某些难以控制或无法避免的偶然因素造成的误差。例如，测量时因环境温度、湿度、气压的微小波动，物体的振动，仪器性能的微小变化等造成的误差。偶然误差对测定结果的影响时大时小，时正时负，难以控制，不具有“单向性”。

思政花园：系统误差和偶然误差都是指在正常操作的情况下所产生的误差。至于因操作不当而引起的分析结果差异，则称为“过失”。例如，器皿洗涤不干净、加错试剂、运算和记录错误等。这些都是分析人员粗心、不负责任造成的，一般不属于误差的范畴，而属于工作中的错误，会对测定结果带来严重影响。因此，分析人员必须加强责任心，避免过失出现；严格遵守操作规程，养成良好的实验习惯。

2.减少误差的方法

为了获得准确的分析结果，必须尽可能地减少误差，提高分析结果的准确度。要想减少分析过程中的误差，必须做好以下几方面的工作。

（1）选择合适的分析方法

不同的分析方法有着不同的特点。化学分析法对高含量组分的测定能获得较为准确和满意的结果，相对误差一般在千分之几。而对低含量组分的测定，化学分析法就达不到这个要求。仪器分析法虽然误差较大，但是灵敏度高，可以测出低含量组分。在实际工作中，应根据现有分析条件、被测物质的含量和对分析结果的要求选择合适的分析方法。

（2）消除系统误差

系统误差的消除可采用校正仪器、进行空白试验及对照试验等措施。

①校正仪器：分析测定中，要求测量数据具有一定的准确性。因此，滴定管、移液管、容量瓶及分析天平砝码等都应进行校正，以消除仪器不准所引起的仪器误差。

②空白试验：由试剂和器皿引入的杂质所造成的试剂误差，一般可通过空白试验来进行校正。空白试验是指在不加试样的情况下，按照试样分析的步骤和条件进行分析试验，空白试验所得结果的数值称为空白值，从试样的测定值中扣除空白值，即可得到比较准确的分析结果。

③对照试验：用含量已知的标准试样或纯物质，以与被测样品相同的方法进行分析测定，由分析结果与已知含量的差值，求出分析结果的系统误差。用此值对样品的测定结果进行校正，可以消除系统误差。

在许多生产单位，为了检查分析人员的分析结果之间是否存在系统误差和其他问题，常在安排试样分析任务时,将一部分试样重复安排在不同分析人员之间,互相进行对照试验,这种方法称为"内检"。有时又将部分试样送交其他单位进行对照分析,这种方法称为"外检"。

（3）减小偶然误差

由于偶然误差是偶然因素引起的,因此在消除系统误差的前提下,采用多次重复测定取平均值的方法可以减小偶然误差,测定的次数越多,分析结果越接近真实值。在定量分析中,一般要求做3~5次平行测定。

3.误差和偏差的表示方法

（1）准确度与误差

测得值与真实值相接近的程度称为准确度。准确度的高低常以误差的大小来衡量,即误差越大,准确度就越低;反之,误差越小,准确度就越高。误差用绝对误差和相对误差来表示。

$$绝对误差(E)=测得值(x)-真实值(\mu)$$

$$相对误差(RE)=\frac{测得值(x)-真实值(\mu)}{真实值(\mu)}\times100\%$$

由于测得值可能大于真实值,也可能小于真实值,因此绝对误差和相对误差有正、负之分。

例如:有含氯量为34.36%的标准试样,某分析人员测得值为34.18%,计算绝对误差和相对误差。

解:
$$绝对误差(E)=34.18\%-34.36\%=-0.18\%$$

$$相对误差(RE)=\frac{34.18\%-34.36\%}{34.36\%}\times100\%=-0.5239\%$$

（2）精密度与偏差

在实际分析测定中,被测组分的真实值往往是不知道的,因此无法计算误差,只能从测定结果的精密度来进行判断。精密度是指试样多次平行测定结果彼此相符的程度,精密度的大小用偏差来表示。偏差是指测得值与平均值之间的差值。偏差越小,精密度越高;反之,偏差越大,精密度就越低。偏差可用绝对偏差和相对偏差来表示。

$$绝对偏差(d)=测得值(x)-平均值(\bar{x})$$

$$相对偏差(d\%)=\frac{绝对偏差(d)}{平均值(\bar{x})}=\frac{x-\bar{x}}{x}\times100\%$$

绝对偏差是指单次测定值与平均值的偏差,相对偏差是指绝对偏差在平均值中所占的百分率。绝对偏差和相对偏差都有正、负之分,单次测定的偏差之和等于零。

以上两种偏差都是指单次测定结果与平均值之间的差值,而对多次测定结果的精密度,常用平均偏差表示。平均偏差又分为绝对平均偏差和相对平均偏差。

$$绝对平均偏差(\bar{d})=\frac{\sum\limits_{i=1}^{n}|x_i-\bar{x}|}{n}$$

$$相对平均偏差(R\bar{d})=\frac{\bar{d}}{x}\times100\%$$

绝对平均偏差是指单次测定值与平均值的偏差（取绝对值）之和,除以测定次数。相对平均偏差是指绝对平均偏差在平均值中所占的百分率,因此更能反映测定结果的精密度。

例如:某分析人员在一次实验中得到的测得值为 17.17、17.18 和 17.16,计算绝对偏差、绝对平均偏差及相对平均偏差。

解:

$$\bar{x} = \frac{17.17 + 17.18 + 17.16}{3} = 17.17$$

$$d_1 = 17.17 - 17.17 = 0$$

$$d_2 = 17.18 - 17.17 = 0.01$$

$$d_3 = 17.16 - 17.17 = -0.01$$

$$绝对平均偏差 \bar{d} = \frac{0 + |0.01| + |-0.01|}{3} = 0.0067$$

$$相对平均偏差 (R\bar{d}) = \frac{0.0067}{17.17} \times 100\% = 0.039\%$$

平均偏差的另一种表示方法为标准偏差(均方根偏差)。单次测定的标准偏差(S)可按下列公式计算:

$$标准偏差(S) = \sqrt{\frac{\sum_{i=1}^{n}(x_i - \bar{x})^2}{n-1}}$$

单次测定结果的相对标准偏差称为变异系数,即

$$相对标准偏差(RSD) = \frac{S}{\bar{x}} \times 100\%$$

标准偏差较平均偏差有更多的统计意义,因为单次测定的偏差平方后,较大的偏差更显著地反映出来,能更好地说明数据的分散程度。因此,在考虑一种分析方法的精密度时,通常用标准偏差和变异系数来表示。

此外,在一般分析中,当平行测定次数不多时,常采用极差来说明偏差的范围,极差也称"全距"。

$$极差(R) = 测得最大值 - 测得最小值$$

$$相对极差 = \frac{R}{\bar{x}} \times 100\%$$

最后,若相同条件下只做了两次测定(重复一次),则用相差和相对相差表示精密度,计算公式如下:

$$相差 = |x_1 - x_2|$$

$$相对相差 = \frac{相差}{\bar{x}} \times 100\%$$

(3)准确度和精密度的关系

准确度表示测量的准确性,精密度表示测量的重现性。在评价分析结果时,只有精密度和准确度都好的方法才可取。准确度和精密度的关系,可用下述例子来说明,如图 0-1 所示。

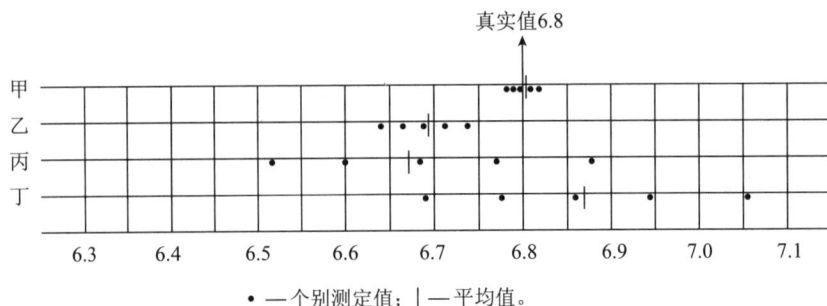

真实值6.8

• —个别测定值; | —平均值。

图 0-1　4 位分析人员 5 次测定同一试样的结果（江施云绘制）

甲的结果：测得的数据较集中，并且接近真实值，说明其精密度与准确度都较高。

乙的结果：精密度很高，但平均值与真实值相差很大，说明准确度很低。

丙的结果：精密度和准确度都很低。

丁的结果：精密度不高，测定数据较分散，虽然平均值接近真实值，但这是凑巧得来的。

由此可见，精密度高，准确度不一定高，欲使准确度高，首先必须要求精密度高。只有精密度与准确度都高时的测量值才可取。因此在分析工作中，既要消除系统误差，也要减小偶然误差，才能提高分析结果的准确度。

四、分析结果的数据分析与处理

分析化学往往会涉及大量的实验数据，对这些原始数据进行正确的记录及运算，关系到实验结果的可靠性及准确度。

1. 有效数字

在分析工作中，为了取得准确的分析结果，不仅要准确进行测量，还要正确记录与计算。所谓正确记录是指正确记录数据的位数。因为数据的位数不仅表示数字的大小，也反映测量的准确程度。

（1）有效数字的概念

有效数字是指在分析工作中实际能测得的数字，包括所有的准确数字和最后一位可疑数字。例如，用分析天平称量物品，质量为 0.3026 g，此数字前三位是准确数字，第四位是可疑数字。

有效数字和仪器的准确程度有关，有效数字保留的位数应根据分析方法与仪器的准确度来确定。例如，在万分之一分析天平上称取试样 0.3200 g，最后一位"0"是可疑数字，有 ± 0.0001 g 的绝对误差，其他都是准确数字。如将其质量记录成 0.320 g，则最后一位"0"是可疑数字，表示该试样是在千分之一分析天平上称量的，其称量的绝对误差为 ± 0.001 g；如将其质量记录成 0.32 g，则最后一位"2"是可疑数字，表示该试样是在托盘天平上称量的，其称量的绝对误差为 ± 0.01 g。因此，记录数据的位数不能任意增加或减少，无论计量仪器如何精密，其最后一位数总是估计出来的。

（2）有效数字位数的判断

有效数字的位数是从左边第一个不为"0"的数字起到最后一位数字为止。在确定有效数字的位数时，"0"可能是有效数字，也可能是定位数字。例如，滴定管读数 22.50 mL，数据中的"0"是有效数字；天平称重 0.0320 g，前面的两个"0"都不是有效数字，而是定位数字。

所以在 9.3520 中,"0"是有效数字,它有 5 位有效数字;在 0.052%中,数字前面的"0"是起定位作用的,它有 2 位有效数字。

应该注意的是,以"0"结尾的正整数,有效数字的位数不确定。例如,1800 这个数就不好确定是几位有效数字,可能是 2 位或 3 位,也可能是 4 位。遇到这种情况,应根据实际有效数字位数书写成科学记数法的形式,如 1.8×10^3(2 位有效数字),1.80×10^3(3 位有效数字)。

此外,分析化学中还经常遇到 pH、pK 等对数值,其有效数字位数取决于小数部分的数字位数,小数点前面的数字是定位,表示数量级的大小。例如,pH=2.08,为 2 位有效数字,它是由 $[H^+]=8.3 \times 10^{-3}$ mol/L 取负对数而来的,所以有效数字是 2 位而不是 3 位。

(3)有效数字的修约规则

有效数字的修约通常采用"四舍六入五留双"法则,即当被修约数<5 时,舍去不计;被修约数>5 时,进位加 1;被修约数等于 5 时,若 5 后面无数字或为 0,则看 5 前面的数,若为偶数应将 5 舍去不计,若为奇数则进位加 1;若 5 后面有不为 0 的数字时,无论 5 的前面是奇数还是偶数都应进位加 1。

例如:

12.243 保留四位有效数字为 12.24。

12.246 保留四位有效数字为 12.25。

12.245 保留四位有效数字为 12.24。

12.255 保留四位有效数字为 12.26。

(4)有效数字的运算规则

定量分析中,在计算和处理分析结果时,需按照有效数字计算规则对数据进行先修约后计算。这样不但能够反映计算结果的可信程度,还能简化计算过程。

①加减运算:数据处理过程中,若几个数据相加或相减,和或差有效数字位数的保留应以小数点后位数最少(绝对误差最大)的数据为依据。例如,将 43.2、24.64、7.450 三个数字相加时,应写为 43.2+24.6+7.4=75.2。

②乘除运算:数据处理过程中,若几个数据相乘除,积或商有效数字位数的保留应以有效数字位数最少(相对误差最大)的数据为依据。例如,将 4.32、0.4645、7.450 三个数字相乘时,应写为 $4.32 \times 0.464 \times 7.45 = 14.9$。

思政花园:数据处理工作中要保持数据的真实性、准确性,不能为了达到某种目的而篡改数据。同学们需要养成精测细算、毫厘必究的习惯,在未来的职业岗位上,诚信和负责是非常重要的品质。

2. 可疑数字的取舍

测量值总有一定的波动性,这是偶然误差所引起的正常现象。但有时发现在一组测量值中会有一两个值明显地偏大或偏小,这样的测量值称为离群值或可疑值。可疑值的产生既可能是由于分析测试中的过失造成的,也可能是由于偶然误差造成的。因此,判断可疑值的取舍,实质上就是区分它是由过失造成的,还是由偶然误差引起的。过失造成的就应舍弃,偶然误差引起的就应保留。如果不知道可疑值是否由过失造成,则不能随意取舍,必须借助统计学的方法来判断。

3. 可疑值的检验方法

对于少数几次平行测定中出现的可疑值的取舍,最常用的方法是 Q 值检验法,其基本步骤如下:

①将平行测定数据从小到大排列:$x_1, x_2, x_3, \cdots, x_{n-1}, x_n$,其中 x_1 和 x_n 为可疑值,$x_n - x_1$ 称为极差。

②求出可疑值与其邻近值之差的绝对值:$|x_2 - x_1|$ 或 $|x_n - x_{n-1}|$。

③求出 Q 值:

$$Q = \frac{|x_2 - x_1|}{x_n - x_1} \text{ 或 } Q = \frac{|x_n - x_{n-1}|}{x_n - x_1}$$

④根据所要求的置信度查 Q 值表。若计算出的 Q 值大于表中的 Q 值,则将可疑值舍去;否则,应保留。Q 值参阅表 0-1。

表 0-1 Q 值表(置信度 0.90 和 0.95)

测定次数 n	$Q_{0.90}$	$Q_{0.95}$
3	0.94	0.97
4	0.76	0.84
5	0.64	0.73
6	0.56	0.64
7	0.51	0.59
8	0.47	0.54
9	0.44	0.51
10	0.41	0.49

例如:某一溶液浓度经 4 次测定,其结果为 0.1015 mol/L、0.1012 mol/L、0.1026 mol/L、0.1016 mol/L。其中 0.1026 的误差较大,是否应该舍去(置信度为 0.90)?

解:

根据 Q 值检验法:

$$x_n = 0.1026, x_{n-1} = 0.1016, x_1 = 0.1012$$

$$Q = \frac{|0.1026 - 0.1016|}{0.1026 - 0.1012} = 0.71 < 0.76$$

因此,应该保留。

项目1

化学分析基础操作

任务1　常用器皿的认识

学习目标

▶ **知识目标**

① 了解常用器皿的规格和主要用途。

② 掌握常用器皿的使用方法和注意事项。

▶ **技能目标**

① 能识别常见器皿。

② 能根据分析要求正确选用器皿。

③ 能规范使用玻璃仪器。

▶ **素质目标**

① 培养学生严谨规范、耐心细心、一丝不苟的检测岗位工作作风。

② 培养学生形成认真负责、诚实守信的工作态度。

③ 提高学生分析问题和解决问题的能力。

④ 培养学生爱劳动、会劳动的意识,保持实验过程整洁、干净的职业素养。

⑤ 培养学生的专业自信。

⑥ 培养学生的环保意识、质量意识、安全意识。

任务1.1　认识玻璃器皿和塑料器皿

▶ **任务描述**

　　玻璃器皿和塑料器皿是化学实验室使用最多且种类最多的仪器,本任务中,学生主要学习它们的分类和使用方法。通过本任务的学习,学生能够准确识别并使用常用玻璃器皿和塑料器皿,提高化学分析的基础操作技能。

▶ **知识准备**

1. 玻璃仪器的分类

目前,国内一般将化学分析实验室中常用的玻璃仪器按用途和结构特征分为以下七类:

①烧器类:能直接或间接地进行加热的玻璃仪器,如烧杯、烧瓶、试管、锥形瓶、碘量瓶等。

②量器类:用于准确测量或粗略量取液体容积的玻璃仪器,如量杯、量筒、容量瓶、滴定管、吸量管、移液管等。

③瓶类:用于存放固体或液体化学药品、化学试剂、水样等的容器,如广口瓶、细口瓶、称量瓶、滴瓶等。

④管、棒类:按其用途分为冷凝管、分馏管、离心管、比色管、虹吸管、连接管、调药棒、搅拌棒等。

⑤有关气体操作使用的玻璃器皿类:用于气体的发生、收集、贮存、处理、分析和测量等,如气体发生器、洗气瓶、气体干燥瓶、气体的收集和储存装置、气体处理装置、气体的分析和测量装置等。

⑥加液器和过滤器类:主要包括各种漏斗及与其配套使用的过滤器具,如漏斗、分液漏斗、布氏漏斗、抽滤瓶等。

⑦其他类:除上述各种玻璃仪器之外的一些玻璃制器皿,如酒精灯、干燥器、表面皿、研钵、玻璃阀等。

2. 常见玻璃仪器的用途和注意事项

常见玻璃仪器的主要用途和注意事项见表 1-1。

表 1-1　常用玻璃仪器的主要用途和注意事项

名称	主要用途	注意事项
烧杯	配制溶液、溶解样品	应放在石棉网上加热
锥形瓶	加热处理试样和容量分析	应放在石棉网上加热
碘量瓶	碘量法或其他生成挥发性物质的定量分析	应放在石棉网上加热;为防止内容物挥发,瓶口用水封
圆(平)底烧瓶	加热或蒸馏液体	避免直接火焰加热
蒸馏烧瓶	蒸馏	避免直接火焰加热
量筒、量杯	粗略地量取一定体积的液体	不能在烘箱中烘干;不能加热;不能用于配制溶液;操作时要沿壁加入、倒出液体
具塞量筒	量取有挥发性或者有吸水性的液体,可用于萃取分离	不能在烘箱中烘干;不能加热;磨口必须原配
容量瓶	配制准确体积的标准溶液或被测溶液	漏水的不能用;要保持磨口原配;不能烘烤与直接加热,可用水浴加热
滴定管	容量分析滴定操作	不能加热;不能存放碱液;漏水不能使用;活塞要原配;酸式、碱式管不能混用
吸量管、移液管	准确地移取一定体积的溶液	须洗净;不要加热
称量瓶	高型用于称量样品;低型用于烘干样品	称量时不可用手直接拿取,应戴指套或垫洁净纸条拿取;烘烤时不可盖紧磨口

续表

名称	主要用途	注意事项
滴瓶	装所需滴加试剂	不要将溶液吸入橡皮头
试剂瓶(细口瓶、广口瓶)	细口瓶用于存放液体试剂;广口瓶用于装固体试剂	不能在瓶内配制溶液;磨口要原配;不能加热
漏斗	长颈漏斗用于定量分析、过滤沉淀;短颈漏斗用于一般过滤	不可直接加热
分液漏斗	分开两相液;用于萃取分离	漏水的不能用;活塞要涂凡士林;磨口必须原配
试管	定性检验;离心分离	硬质玻璃的试管可直接在火上加热;离心试管只能在水浴上加热
冷凝管	冷凝蒸馏出来的蒸气	从下口进水,上口出水;不可骤冷骤热
抽滤瓶	抽滤时接收滤液	不可加热
表面皿	盖玻璃杯及漏斗等	不可直接加热
干燥器	保持烘干及灼烧过物质的干燥	盖磨口要涂适量凡士林;不可将赤热物体放入;底部要放干燥剂

思政花园:分析化学实验中有些玻璃器皿(如容量瓶、滴定管等)对精度要求极高,其设计和制造是基于化学分析的科学理论,在实验中需要按照科学规范使用这些器皿。同学们要明白,任何违背科学规律的操作都可能导致实验失败甚至发生危险,同学们要养成严谨认真、实事求是的科学精神。

3.玻璃仪器的洗涤

洗涤玻璃仪器的方法很多,应根据实验的要求、污物性质和污染的程度来选用。通常黏附在仪器上的污物,有可溶性物质,也有不溶性物质和尘土,还有油污和有机物质。针对不同情况,可以分别采用下列洗涤方法:

①水刷洗:根据要洗涤的玻璃仪器的形状选择合适的毛刷,如试管刷、烧杯刷、瓶刷等。用毛刷蘸水刷洗仪器,用水冲去可溶性物质及刷去附着在仪器上的尘土,但往往洗不去油污和有机物质。

②合成洗涤剂刷洗:可将洗涤剂配成 $1\% \sim 2\%$(体积分数)的水溶液,也可用 $50\ \mathrm{g/L}$ 的洗衣粉刷洗仪器。为了增强洗涤的效果,可将仪器置于温热的洗涤液中浸泡片刻后再刷洗。

将仪器浸于温热的洗涤液中,在超声波清洗机中洗数分钟,再用自来水、蒸馏水洗净,洗涤效果极佳。

洗净的仪器倒置时,水流出后器壁应不挂水珠。最后再用少量纯水涮洗仪器三次,洗去自来水带来的杂质,即可使用。

4.玻璃仪器的干燥

不同实验对玻璃仪器的干燥程度有不同的要求,有的要求无水,有的可容许少量水分,应根据不同的要求来干燥仪器。

①晾干:适合不急用、只要求一般干燥的玻璃仪器,如烧杯、锥形瓶、容量瓶、滴定管等。可在玻璃仪器洗净之后,倒去水分,倒置在滤纸上或专用的架子、夹具上,令其自然晾干。

②烘干:适合对干燥要求较高的仪器。可将仪器洗净后,倒去水分,放在烘箱内于105~120 ℃烘干,取出冷却后即可使用。量器类玻璃仪器不得烘干;厚壁玻璃仪器应该在低温下放入烘箱,然后再缓慢升温,以免温度骤然变化引起爆裂。

③热(冷)风吹干:适合要求快速干燥或不能烘干的玻璃仪器。洗净并倒去水分后,往其中加入与水互溶且易挥发的有机溶剂(如无水乙醇、丙酮、乙醚等)摇洗,倒去有机溶剂,然后用电吹风机吹(开始用冷风吹,当大部分溶剂挥发后再用热风吹至完全干燥)。由于有机溶剂易燃,吹干必须在通风橱中进行,以防有机溶剂蒸气着火爆炸。

5. 玻璃仪器的保存

玻璃仪器应按种类、规格顺序存放,以便取用;用完的玻璃仪器要洗净干燥,放回原处,并尽可能倒置存放。以下提出一些仪器的保管办法:

①吸量管、移液管:洗净后置于移液管架中或防尘的盒中。

②滴定管:蒸馏水冲洗后,注满蒸馏水,上盖玻璃短试管或塑料套管,也可倒置夹于滴定管架上的夹子上。

③比色皿:倒放在铺有滤纸的瓷盘中,晾干后放在比色皿盒中。

④带磨口塞的仪器:如容量瓶、比色管等,最好在清洗前用小线绳或橡皮筋把瓶塞拴好,以免磨口混错而漏水;需长期保存的磨口玻璃仪器,要在塞间垫一片纸,以免日久黏住。

6. 塑料器皿

化学塑料器皿的材质主要包括聚乙烯(PE)、聚丙烯(PP)、聚苯乙烯、聚丙烯共聚物等。常用的塑料器皿有试剂瓶、烧杯、洗瓶、离心管、移液枪吸头、巴氏吸管等。

(1)试剂瓶

①用途:储存各种化学试剂,包括溶液、粉末和液体。

②特点:具有耐酸碱腐蚀、不溶于一般有机溶剂的特性。试剂瓶通常有广口和细口之分,细口瓶主要用于液体试剂的储存,广口瓶则适用于固体试剂、片剂和胶囊的储存。

(2)量杯

①用途:测量液体的体积。

②特点:透明度高,刻度清晰准确,便于进行精确的液体计量。

(3)烧杯

①用途:溶解、稀释、加热和反应等操作。

②特点:透明度高,耐高温,便于观察化学反应过程。

(4)漏斗

①用途:液体转移、过滤、滴定辅助和样品收集等。

②特点:用于质量轻的样品,安全性高,耐腐蚀性强,易于清洗。

(5)洗瓶

①用途:溶液的定量转移、沉淀的洗涤与转移和清洗实验室器皿等。

②特点:轻便、耐摔、耐腐蚀。

(6)离心管

①用途:离心分离实验中的样品。

②特点:密封性好,可承受高速离心产生的压力,防止样品泄漏。

(7)移液器吸头

①用途:广泛应用于生物、化学、医学等领域的实验室中,用于精确转移液体,保护实验人员的安全,提高实验效率等。

②特点:采用PP(聚丙烯)材料,不含塑化剂和脱模剂,内壁光滑无流痕,尖端无缺口和毛刺,排液准确。

(8)巴氏吸管

①用途:少量液体的吸取、转移、携带等。

②特点:纸塑独立包装,已无菌处理,LDPE(低密度聚乙烯)材质,回弹恢复性好,耐用不易变形,细小吸口,可深入小口容器,便于移液操作。

(9)使用注意事项

①温度限制:使用时应注意塑料器皿的耐受温度范围,避免超过其熔点或软化点导致变形或破裂。

②化学兼容性:在接触化学试剂前,应检查塑料器皿与该试剂的兼容性,避免发生化学反应导致器皿损坏或试剂污染。

③避免划伤:使用时应避免使用尖锐的工具或硬物刮擦塑料器皿表面,以免损坏其表面结构并影响其使用寿命。

④清洁与消毒:使用后应及时清洗并消毒塑料器皿,以保持其清洁无菌状态。清洗时应使用温和的清洁剂和温水,避免使用强酸、强碱或研磨性清洁剂。同时,清洗后的器皿应彻底冲洗干净,并晾干或烘干,以备下次使用。

⑤禁用火源:加热塑料器皿的熔点较低,一旦接触火源或高温环境,极易发生变形、熔化甚至燃烧。因此,严禁使用火源直接加热塑料器皿。

▶▶ **任务实施**

完成使用干燥器的任务。

1. 仪器设备

称量皿、干燥器、电热恒温干燥箱。

2. 材料和试剂

无水碳酸钠、凡士林、干燥剂(硅胶)、棉手套。

3. 操作步骤

①在干燥器的盖和器体上口之间的磨砂处薄薄地涂一层凡士林,以保证干燥器的气密性。

②将硅胶装入干燥器腰部带孔瓷板下方,盖上瓷板。

③用一手掌稳抵器壁中部,一手轻轻平推盖子,将装有无水碳酸钠的称量皿(烘干后)放置于带孔瓷板上。

④2～3 min后稍稍推开盖子,放入外界空气,使干燥器内外压强一致再盖好。

⑤将干燥器搬回实验操作台。注意不可用手臂抱,必须用双手拇指和食指握住盖沿,中指撑住器体,以防盖子滑落。

4. 评价表

干燥器操作评价见表1-2。

表1-2 干燥器操作评价

项目	考核标准	分值	得分
涂凡士林	涂抹位置正确	10	
	凡士林使用量合适	10	
添加干燥剂	正确判别干燥剂是否可使用	10	
	干燥剂倾倒位置正确	10	
	干燥剂使用量合适	10	
干燥器的操作	握法正确	10	
	开盖动作正确	10	
	关盖动作正确	10	
其他	实验结束物品归位,台面整洁	10	
	穿实验服,文明操作	10	
合计			

▶▶ **任务拓展**

①以处理被凡士林堵塞的酸式滴定管为学习项目,掌握计量类玻璃器皿的使用注意事项。

②查找文献,整理两类场景中玻璃器皿的清洗方法:a.矿物元素检测时,清洗玻璃器皿的方法;b.加标实验使用的玻璃器皿的清洗方法。通过学习,进一步巩固常用玻璃器皿的洗涤方法。

▶▶ **知识拓展**

脏污的玻璃器皿根据污物的性质选择不同的洗液进行清洗。不同洗涤方法的适用范围和技术要求,见表1-3。

表1-3 玻璃器皿的不同洗涤方法的适用范围和技术要求

方法名称	适用范围	技术要求
水洗	有水溶性杂质、部分水不溶性物质和灰尘的烧杯、烧瓶、锥形瓶、试管等	①根据仪器的规格和形状,选择适宜的毛刷 ②左手持要清洗的仪器,盛入一半体积的水 ③右手用刷子在内壁前后左右各刷一遍,再用自来水连续冲刷数遍,直至污迹消失 ④蒸馏水润洗内壁3次
泡沫洗涤	有油污等有机物的烧杯、烧瓶、锥形瓶、试管等	①左手持要清洗的仪器 ②右手用刷子蘸取适量洗涤剂刷洗仪器的内外壁,然后用自来水连续冲刷数遍,直至污迹消失 ③蒸馏水润洗内壁3次 ④将仪器浸于温热的洗涤剂水溶液中,在超声波清洗机液槽中洗数分钟,再刷洗,效果更佳

续表

方法名称	适用范围	技术要求
洗液洗涤	不宜用毛刷刷洗的滴定管、容量瓶、吸量管等;毛刷洗不干净的玻璃仪器	①先用自来水洗去尘土、水溶性污物,再尽可能倾掉残留液 ②在仪器中加入少量洗液,慢慢转动仪器,使其内壁全部浸润,但洗液不流出,旋转几周后,把洗液倒回原瓶 ③依次用自来水冲洗、蒸馏水润洗

▶▶ **自主学习资源库**

①https://www.foodmate.net/

②GB/T 15723—2024　《实验室玻璃仪器　干燥器》

任务1.2　认识瓷器皿、石英器皿和金属器皿

▶▶ **任务描述**

化学实验室中除了玻璃器皿和塑料器皿外,还有瓷器皿、石英器皿、金属器皿,例如瓷坩埚、石英比色皿等。本任务中,学生主要学习常用瓷器皿、石英器皿和金属器皿的主要用途和使用注意事项。通过学习,学生能够准确识别并使用这类器皿,提高化学分析的基础操作技能。

▶▶ **知识准备**

1. 瓷器皿

瓷器皿比玻璃坚固,且价格便宜。常用的瓷器皿有瓷坩埚、瓷蒸发皿、瓷研钵、瓷布氏漏斗。瓷器皿根据功能大体可分为四类:耐高温器皿、过滤器皿、研磨器皿和比色器皿。常用瓷器皿的名称、主要用途和使用注意事项见表1-4。

表1-4　常用瓷器皿的名称、主要用途和使用注意事项

类别	名称	主要用途	注意事项
耐高温器皿	坩埚	灼烧沉淀;处理样品	不可作高温碱熔和焦硫酸盐熔,不可放入氢氟酸
	蒸发皿	蒸发与浓缩液体;500 ℃下灼烧样品	须垫石棉网加热
	燃烧管	盛放固体物质于电炉中高温加热	避免温度骤变,避免超温
	燃烧舟	盛放样品于燃烧管中高温反应	不能使用酒精喷灯直接加热
过滤器皿	布氏漏斗	加液和过滤	滤液不能加得太满
	海氏漏斗		
研磨器皿	研钵	研磨硬度不大的固体样品	不能用杵敲击,不能研磨氯酸钾等强氧化剂或氯酸钾与红磷等强还原剂的混合物

续表

类别	名称	主要用途	注意事项
比色器皿	点滴板	化学分析呈色;沉淀点滴	有色沉淀用白色点滴板,白色或黄色沉淀用黑色点滴板
	白瓷板	垫于滴定台上,有利于辨别颜色的变化	平置于桌面

2. 石英器皿

石英器皿的成分是二氧化硅。常用的石英器皿有石英比色皿、石英烧杯、坩埚、蒸发皿、石英舟、石英管、石英蒸馏器、石英棱镜、石英透镜等。根据原料的不同,石英玻璃分为透明石英玻璃、半透明熔融石英玻璃和不透明熔融石英玻璃。透明石英玻璃是用天然的无色透明的水晶高温熔炼制成的;半透明熔融石英玻璃是由天然纯净的脉石英或石英砂制成的,因含有许多熔炼时未排净的气泡而呈半透明状。

（1）主要特性

①高纯度石英玻璃:由高纯度的二氧化硅制成,通常纯度达到99.99%以上,甚至更高。高纯度确保了其优异的性能和广泛的应用。

②低膨胀系数石英玻璃:其膨胀系数非常低,这使得它在温度变化时具有较小的尺寸变化,因此非常适用于需要精确尺寸控制的场合。

③高透光性石英玻璃:在可见光和紫外光区域具有很高的透光性,特别是在短波紫外区域。这使得它成为制造光学元件、光纤和紫外灯等产品的理想材料。

④高耐热性石英玻璃:具有很高的耐热性,能够承受1200 ℃以上的高温。这使得它成为高温环境下使用的理想材料,如高温炉、高温反应器等。

⑤高化学稳定性石英玻璃:对大多数化学物质表现出极高的化学稳定性,包括酸、碱和有机溶剂等。它不易被这些物质腐蚀或溶解。

（2）常见的石英器皿及用途

①石英试管:一种细长的管状容器,常用于化学反应、加热实验及气相色谱分析中。

②石英烧杯:一种敞口或带盖的容器,用于盛放、加热及混合化学物质。

③石英蒸馏瓶:有冷凝管连接口,用于蒸馏提纯操作,分离液体中的杂质。

④石英坩埚:一种耐高温的容器,常用于高温熔融、烧结及化学分析中的样品处理。

⑤石英比色皿:用于光学比色分析,其高透光性确保测量结果的准确性。

⑥石英棱镜:光学元件,用于光的折射、反射及色散,常用于光谱仪、光学仪器中。

⑦石英透镜:用于聚焦、成像,是光学系统中的关键组件。

（3）使用注意事项

①清洗:使用前后,石英器皿应使用适当的清洁剂（如中性洗涤剂）和软质工具（如软毛刷）进行清洗,以去除表面污渍和残留物。避免使用硬质刷子或粗糙布料,以免划伤石英表面。

②干燥:清洗后,应将石英器皿彻底干燥,避免残留水分影响使用效果或导致腐蚀。

③避免与腐蚀性物质接触:虽然石英对大多数化学物质表现出良好的稳定性,但仍需避

免与强碱、氢氟酸等反应强烈的物质直接接触,以防止腐蚀或损坏。

④轻拿轻放:在搬运或操作石英器皿时,应轻拿轻放,避免碰撞或摔落,以免破损。

⑤使用适当的工具:在搅拌、倒液等操作时,应使用适当的工具(如玻璃棒、滴定管等),避免直接用手或金属工具触碰石英器皿,以减少划痕和损伤。

3. 金属器皿

金属器皿具有耐高温、耐腐蚀、导热性好等优点,在高温或需要耐腐蚀的实验中,金属器皿经常被使用。化验室中常用到的金属器皿除铂器皿外,还有金、银、镍、铁等材料制成的器皿。

(1)铂器皿

铂的熔点高达 1774 ℃,可承受 1200 ℃的高温;化学性质稳定,在空气中灼烧后不起化学变化,也不吸收水分;大多数化学试剂对它无侵蚀作用,耐氢氟酸性能好。因而,铂器皿常用于沉淀灼烧称重、氢氟酸溶样以及碳酸盐的熔融处理。实验室常用的铂器皿有铂坩埚、铂蒸发皿、铂制小舟、铂丝圈、铂铑电热电偶等。

(2)金器皿

实验室常用的金器皿主要有金坩埚和金蒸发皿,价格较铂便宜,所以主要用作铂坩埚和铂蒸发皿的替代品。金器皿不受碱金属氢氧化物和氢氟酸的侵蚀,但它的熔点较低(1063 ℃),故不能耐高温灼烧,一般需在 700 ℃下使用。硝酸铵对金有明显的侵蚀作用;王水也不能与金器皿接触。

(3)银器皿

实验室常用的银器皿主要有银坩埚和电化学分析用电极。因为银的价格低廉,同时不受氢氧化钠(钾)的侵蚀,在熔融此类物质时仅在接近空气的边缘处略有腐蚀,所以实验室常用银坩埚进行碱熔法分解试样。银的熔点为 960 ℃,不能在火上直接加热,只能在电炉和高温炉中使用。

(4)镍坩埚

镍的熔点较高,为 1455 ℃,在空气中灼烧易被氧化,所以镍坩埚不能用于灼烧和称量沉淀。强碱和镍几乎不起作用,故在实验室中镍坩埚主要用于碱性试剂的熔融处理。

(5)铁坩埚

易生锈,没有镍坩埚耐用,但价格便宜,较适用于过氧化钠熔融以代替镍坩埚。铁坩埚在使用前应先进行钝化处理,方法是先用稀盐酸清洗,然后用细砂纸轻擦,并用热水冲洗;再放入 5%硫酸-1%硝酸混合溶液中浸泡数分钟;最后用水洗净、干燥,于 300～400 ℃灼烧 10 min。

▶ **任务实施**

查阅资料,完成表 1-5 中常见器皿的主要用途和注意事项。

表 1-5 常见器皿的主要用途和注意事项

名称	主要用途	注意事项
瓷坩埚和坩埚钳		
蒸发皿		

续表

名称	主要用途	注意事项
石英比色皿		
铁架台(铁架台、铁圈)		
试管夹		
布氏漏斗(瓷)		
研钵(瓷)		
毛刷		
药匙		
石棉网		

评分要求:每种器皿的主要用途和注意事项回答正确、完整、条理清晰得 10 分,总分 100 分。

▶▶ **任务拓展**

①以两个石英比色皿的配对检查为学习项目,通过练习掌握石英比色皿的使用方法。

②查找文献等资料,总结瓷研钵的使用注意事项,进一步掌握瓷器皿的使用范围。

▶▶ **知识拓展**

1.铂的使用规则

①铂在高温下能与下列物质作用,故不可接触这些物质:

a.碱金属和钡的氧化物、氢氧化物、硫氰化物、氰化物、硝酸盐,如 K_2O、Na_2O、KNO_3、$NaNO_3$、KCN、$NaCN$、Na_2O_2、$Ba(OH)_2$、$LiOH$ 等。

b.卤素或能产生卤素的物质,如王水、溴水,盐酸与氧化剂($KClO_3$、$KMnO_4$、$K_2Cr_2O_7$ 等)的混合物,$FeCl_3$ 溶液(对铂有显著侵蚀作用)。

c.含有重金属(如铅、锌、铋、锡、锑、砷、银、汞、铜等)的试样或化合物。

d.硫化物和砷及磷的化合物,可被滤纸、有机物或还原性气体还原,生成脆性磷化铂及硫化铂等。

②铂质软,所以拿取铂器皿时勿太用力,以免变形;不能用玻璃棒等尖锐物品从铂器皿中刮出物料,以免损伤其内壁;也不能将热的铂器皿骤然放入冷水中冷却。

③铂皿用煤气灯加热时,只可在不发光的氧化焰中加热,不能与带烟或发亮的还原火焰接触,以免碳与铂化合生成碳化铂而变脆。

④铂器皿在加热时,不能与其他任何金属接触,因为在高温条件下铂易与其他金属生成合金。因此,铂坩埚必须放在铂三角(或用粗铂丝拧成的三角)上灼烧,也可用清洁的石英三角或泥三角。所用的坩埚钳应该包有铂头;镍的或不锈钢的钳子只能在低温下使用。

⑤成分或性质不明的物质不能在铂器皿中处理和加热。

⑥铂器皿应保持内外清洁和光亮。若铂器皿有了斑点,可先用稀盐酸或硝酸单独处理;如果无效,可用焦硫酸钾于铂器中在较低温度下熔融 5～10 min,把熔融物倒掉,再将铂器皿在盐酸溶液中浸煮;若仍无效,可再用碳酸钠熔融处理,也可用潮湿的细砂轻轻摩擦处理。

2. 比色皿的鉴别

（1）直观法

①查看标识：玻璃比色皿口沿处通常有"G"（Glass，玻璃）的字母标识，而石英比色皿口沿处有"Q"（Quartz，石英）或者"QS"（Quartz Glass，石英玻璃）的字母标识。

②观察颜色：如果没有字母标识或者标识已磨损，可以在口沿处由上往下看，棱面发绿的一般是玻璃比色皿，透明或发白的是石英比色皿。更确切地说，普通玻璃的断口是浅绿的，硼酸玻璃的断口是泛白的，而石英的断面是透明的。

③听声辨别：敲击时，石英比色皿发出的声音比较清脆，而玻璃器皿发出的声音较为发闷。

④对比硬度：石英比玻璃的硬度大，如果把两个比色皿对磨，石英比色皿磨损微小，而玻璃比色皿磨损较大。

⑤照射透光：可用白炽灯照射，透光度高的是玻璃比色皿，而石英比色皿里面应当稍浑浊。

（2）机试法

机试法即使用专业的紫外可见分光光度计来鉴别玻璃、石英比色皿。现行国家检定规程规定，石英比色皿在250 nm下的吸光度应小于0.07。具体鉴别方法为：比色皿内不放置任何样品，以空气为介质，波长设置为250 nm并调零；再将比色皿放置在样品道，若吸光值小于0.07则为石英比色皿，反之则为玻璃比色皿。

▶▶ **自主学习资源库**

①QB/T 1991—2014 《化学瓷坩埚》

②QB/T 1992—2014 《化学瓷蒸发皿》

③JC/T 651—2011 《石英玻璃器皿 坩埚》

④JC/T 654—2011 《石英玻璃器皿 蒸发皿》

⑤YS/T 408.1—2013 《贵金属器皿制品 第1部分：铂及其合金器皿制品》

⑥YS/T 408.2—2016 《贵金属器皿制品 第2部分：银及其合金器皿制品》

⑦YS/T 408.3—2021 《贵金属器皿制品 第3部分：金器皿制品》

任务 2　认识实验用水和化学试剂

学习目标

知识目标

①了解分析实验室用水的规格、贮存和使用范围。

②掌握分析实验室用水的制备方法。

③掌握分析实验室用水的检验方法。

④了解化学试剂的分类。

⑤掌握化学试剂的规格、贮存和取用方法。

⑥掌握溶液浓度的表示方法。

⑦掌握标准溶液的配制与标定方法。

技能目标

①能用不同方法制备合格的实验分析用水。

②能根据实验需求选择不同级别的化学试剂。

③能正确存放和取用化学试剂。

④能独立完成标准溶液的标定。

⑤能准确完成数据处理。

素质目标

①培养学生严谨规范、耐心细心的检测岗位工作作风。

②培养学生形成认真负责、诚实守信的工作态度,使学生养成尊重客观数据的良好习惯。

③提高学生分析问题和解决问题的能力。

④培养学生精益求精、追求卓越的职业精神。

⑤培养学生爱劳动、会劳动的意识,保持实验过程整洁、干净的职业素养。

⑥培养学生的食品检测行业质量意识、环保意识、安全意识。

任务 2.1　实验用水制备

任务描述

水是实验室常用的良好溶剂,溶解能力强,可以用作各种溶剂或用于洗涤仪器。本任务中,学生主要学习分析实验室用水的要求、制备和检验项目。通过本任务的学习,学生能合理选用实验用水,提高化学分析的基础操作技能。

知识准备

1.分析实验室用水的要求

(1)分析实验室用水的规格

分析实验室用水分为三个级别:一级水、二级水和三级水,见表2-1。

表 2-1　分析实验室用水的规格

指标	水的规格		
	一级	二级	三级
pH 范围(25 ℃)	—	—	5.0～7.5
电导率(25 ℃)/(mS/m)	≤0.01	≤0.10	≤0.50
可氧化物质含量(以 O 计)/(mg/L)	—	≤0.08	≤0.4
吸光度(254 nm,1 cm 光程)	≤0.001	≤0.01	—
蒸发残渣[(105±2)℃]含量/(mg/L)	—	≤1.0	≤2.0
可溶性硅(以 SiO_2 计)含量/(mg/L)	≤0.01	≤0.02	—

数据来源:GB/T 6682-2008 《分析实验室用水规格和试验方法》。

注:1.由于在一级水、二级水的纯度下难以测定其真实的 pH,因此对一级水、二级水的 pH 范围不做规定。

2.由于在一级水的纯度下难以测定可氧化物质和蒸发残渣,对其限量不做规定。可用其他条件和制备方法来保证一级水的质量。

(2)分析实验室用水的制备、贮存和使用范围

分析实验室用水的原水应为饮用水或适当纯度的水。三级水可用蒸馏或离子交换等方法制取;二级水可采用蒸馏、反渗透、电渗析或离子交换等方法制取;一级水可用二级水经过石英装置蒸馏或离子交换混床处理后,再经 0.2 μm 微孔滤膜过滤来制取。经过各种纯化方法制得的各级别的分析实验室用水,纯度越高,要求贮存的条件越严格,成本也越高,应根据不同分析方法的要求合理选用。表 2-2 中列出了国家标准中规定的各级水的制备方法、贮存条件及使用范围。

表 2-2　分析实验室用水的制备方法、贮存条件及使用范围

级别	制备与贮存	使用范围
一级水	①可用二级水经过石英设备蒸馏或离子交换混合床处理后,再经 0.2 μm 微孔滤膜过滤制取 ②不可贮存,使用前制备	有严格要求的分析实验,包括对颗粒有要求的试验,如高效液相色谱分析用水
二级水	①可用多次蒸馏或离子交换等方法制取 ②贮存于密闭、专用的聚乙烯容器中	无机痕量分析等试验,如原子吸收光谱分析用水
三级水	①可用蒸馏或离子交换等方法制取 ②贮存于密闭、专用的聚乙烯容器中,也可使用密闭、专用的玻璃容器贮存	一般化学分析试验

数据来源:符斌,李华昌.分析化学实验室手册[M].北京:化学工业出版社,2012。

注:贮存水的新容器在使用前需用盐酸溶液(20%)浸泡 2～3 d,再用待贮存的水反复冲洗,然后注满,浸泡 6 h 以上方可使用。

2.分析实验室用水的检测

(1)pH 的测定

量取 100 mL 水样,用 pH 计测定水样的 pH。

（2）电导率的检验

用电导仪测定电导率。一、二级水测定时，配备电极常数为 $0.01 \sim 0.1 \ cm^{-1}$ 的电导池；三级水测定时，配备电极常数为 $0.1 \sim 1 \ cm^{-1}$ 的电导池。使用温度自动补偿功能，若电导仪不具温度补偿功能，可记录水温，按下式换算为 25 ℃时的电导率 K_{25}。

$$K_{25} = k_t(K_t - K_{p \cdot t}) + 0.00548$$

式中，k_t 为换算系数；K_t 为 t ℃时各级水的电导率，单位为 mS/m；$K_{p \cdot t}$ 为 t ℃时理论纯水的电导率，单位为 mS/m；0.00548 为 25 ℃时理论纯水的电导率，单位为 mS/m。

理论纯水的电导率和换算系数见表 2-3。

表 2-3　理论纯水的电导率和换算系数

$t/$ ℃	k_t	$K_{p \cdot t}/(mS/m)$	$t/$ ℃	k_t	$K_{p \cdot t}/(mS/m)$
0	1.7975	0.00116	26	0.9795	0.00578
1	1.7550	0.00123	27	0.9600	0.00607
2	1.7135	0.00132	28	0.9413	0.00640
3	1.6728	0.00143	29	0.9234	0.00674
4	1.6329	0.00154	30	0.9065	0.00712
5	1.5940	0.00165	31	0.8904	0.00749
6	1.5559	0.00178	32	0.8753	0.00784
7	1.5188	0.00190	33	0.8610	0.00822
8	1.4825	0.00201	34	0.8475	0.00861
9	1.4470	0.00216	35	0.8350	0.00907
10	1.4125	0.00230	36	0.8233	0.00950
11	1.3788	0.00245	37	0.8126	0.00994
12	1.3461	0.00260	38	0.8027	0.01044
13	1.3142	0.00276	39	0.7936	0.01088
14	1.2831	0.00292	40	0.7855	0.01136
15	1.2530	0.00312	41	0.7782	0.01189
16	1.2237	0.00330	42	0.7719	0.01240
17	1.1954	0.00349	43	0.7664	0.01298
18	1.1679	0.00370	44	0.7617	0.01351
19	1.1412	0.00391	45	0.7580	0.01410
20	1.1155	0.00418	46	0.7551	0.01464
21	1.0906	0.00441	47	0.7532	0.01521
22	1.0667	0.00466	48	0.7521	0.01582
23	1.0436	0.00490	49	0.7518	0.01650

续表

$t/℃$	k_t	$K_{p·t}/(mS/m)$	$t/℃$	k_t	$K_{p·t}/(mS/m)$
24	1.0213	0.00519	50	0.7525	0.01728
25	1.0000	0.00548			

数据来源:GB/T 6682—2008 《分析实验室用水规格和试验方法》。

(3)可氧化物质的测定

量取 1000 mL 二级水(或 200 mL 三级水)置于烧杯中,加入 5.0 mL 20%硫酸(三级水则加入 1.0 mL 20%硫酸),混匀;加入 1.00 mL 高锰酸钾标准滴定溶液$[c_{(1/5KMnO_4)}=0.01 \ mol/L]$,混匀,盖上表面皿,加热至沸腾并保持 5 min,溶液粉红色不完全消失。

(4)吸光度测定

将水样分别注入厚度为 1 cm 和 2 cm 吸收池中,于 254 nm 处,以 1 cm 吸收池中的水样为参比,测定 2 cm 吸收池中水样的吸光度。若仪器灵敏度不够,可适当增加测量吸收池的厚度。

(5)蒸发残渣的测定

量取 1000 mL 二级水(三级水取 500 mL),分几次加入旋转蒸发器的 500 mL 蒸馏瓶,于水浴上减压蒸发至剩约 50 mL,转移至一个已于(105±2) ℃烘至质量恒定的玻璃蒸发皿中,用 5～10 mL 水样分 2～3 次冲洗蒸馏瓶,洗液合并入蒸发皿,于水浴上蒸干,并在(105±2) ℃的电烘箱中干燥至质量恒定。残渣质量不得大于 1.0 mg。

(6)可溶性硅的测定

①试剂:

a.二氧化硅标准溶液:0.01 mg/mL;

b.钼酸铵溶液:5 g 钼酸铵加水溶解,加入 20 mL 20%硫酸,稀释至 100 mL;

c.草酸溶液:50 g/L;

d.对甲氨基酚硫酸盐(米吐尔)溶液:取 0.20 g 对甲氨基酚硫酸盐,加入 20.0 g 焦亚硫酸钠,溶解并稀释至 100 mL,摇匀。有效期两周。

以上四种溶液均贮于聚乙烯瓶中。

②测定:

量取 520 mL 一级水(二级水取 270 mL),注入铂皿中,在防尘条件下亚沸蒸发至约 20 mL;加入 1.0 mL 钼酸铵溶液,摇匀,放置 5 min;加 1.0 mL 草酸溶液,摇匀,再放置 1 min;加入 1.0 mL 对甲氨基酚硫酸盐溶液,摇匀,转移至 25 mL 比色管中,稀释至刻度。于 60 ℃水浴中保温 10 min,目视比色,溶液所呈蓝色不得深于 0.50 mL 二氧化硅标准溶液(0.01 mg/mL),用水稀释至 20 mL 并经同样处理的标准比对溶液。

(7)阳离子的检验

取水样 10 mL 于试管中,加入 2～3 滴氨缓冲液(54 g 氯化铵溶于 200 mL 水中,加入 350 mL 浓氨水,用水稀释至 1 L,pH=10)与 2～3 滴铬黑 T 指示剂(0.5 g 铬黑 T 加入 20 mL 三乙醇胺,以 95%乙醇溶液溶解并稀释至 1 L;也可在每 100 mL 铬黑 T 指示剂溶液中加入 2～3 mL 浓氨水,试验中免去加氨缓冲溶液)。若水样呈现蓝色,表明无金属阳离子。(含有阳离子的水样呈现紫红色。)

(8)氯离子的检验

取水样 10 mL 于试管中,加入数滴硝酸银水溶液(1.7 g 硝酸银溶于水中,加入浓硝酸 4 mL,用水稀释至 100 mL),摇匀,在黑色背景下看溶液是否变白色浑浊。若无氯离子,溶液应为无色透明。(注意:若硝酸银溶液未经硝酸酸化,加入水中可能出现白色浑浊或变为棕色沉淀,这是氢氧化银或碳酸银造成的。)

▶▶ 任务实施

1. 实验室用水的 pH 测定

(1)仪器设备

pH 计、烧杯(250 mL)。

(2)材料和试剂

纯水、pH 6.86 标准缓冲溶液。

(3)操作步骤

①准备:接通电源,预热 30 min。

②校准:将 pH 计的电极放入标准溶液中进行校准,清洗电极,并用滤纸吸干。

③取样:使用干净的烧杯取纯水样品。

④测量:将 pH 计的电极浸入纯水中,等待 pH 计显示面板上显示一个稳定的读数,记录读数即为水样的 pH。重复操作三次,取均值。

⑤结束:测定完毕后,清洗电极,并用滤纸吸干,妥善保存。

(4)评价表

pH 测定评价见表 2-4。

表 2-4　pH 测定评价

项目	考核标准	分值	得分
检查	使用前检查仪器	10	
预热	接通电源,预热 30 min	10	
	正确清洗电极头	10	
测量	正确进行校准	20	
	将电极头完全浸没在待测液中	10	
	重复操作 3 次	10	
	待数值稳定后,记录测量结果	10	
其他	按要求整理仪器和物品	10	
	按要求清洁实验台	10	
合计			

2. 实验室用水的电导率测定

(1)仪器设备

电导率仪、温度计、烧杯(250 mL)、恒温水浴锅。

（2）材料和试剂

纯水、氯化钾标准溶液。

（3）操作步骤

①准备：检查电导率的电极是否干净。

②取样：使用干净的烧杯取样纯水，置于 25 ℃恒温水浴锅中 10 min。

③校准：将电导率仪的电极放入标准溶液中进行校准。

④测量：将电导率仪的电极浸入纯水中，等待一段时间，直到电导率测量仪器显示一个稳定的读数，记录读数，通常以 mS/m 或 μS/cm 为单位。重复三次，取均值。

⑤结束：测定完毕后，清洗电极，并用滤纸吸干，妥善保存。

（4）评价表

电导率测定评价见表 2-5。

表 2-5　电导率测定评价

项目	考核标准	分值	得分
检查	使用前检查仪器	10	
预热	接通电源，预热 30 min	10	
	正确清洗电极头	10	
测量	正确设定温度	10	
	正确进行校准	10	
	将电极头完全浸没在待测液中	10	
	测量档位正确	10	
	待数值稳定后，记录测量结果	10	
其他	按要求整理仪器和物品	10	
	按要求清洁实验台	10	
合计			

▶ **任务拓展**

①通过查阅相关资料了解温度对测定电导率的影响。

②通过查阅相关资料了解分析实验室用水的电阻率与水的纯度关系，掌握分析实验室用水的规格要求。

▶ **知识拓展**

1. 蒸馏法制水

天然水经蒸馏器蒸发、冷凝得到较纯的水，称为蒸馏水。大部分金属离子、矿物质在蒸馏时不挥发，因而蒸馏水一般可达到三级水或二级水标准。小型化学分析室可用电热蒸馏水器制备蒸馏水；对用水量大、水的纯度要求较高的分析工作，可采用离子交换法制取纯水，或蒸馏法与离子交换法联合使用。将蒸馏水再次蒸馏，称为二次蒸馏水，一般可达到实验室一级用水标准；第二次蒸馏通常用玻璃蒸馏器或石英蒸馏器。

2.离子交换法制水

离子交换法制取纯水,一般选用强酸性阳离子交换树脂和强碱性阴离子树脂。已经除去悬浮物及胶体的自来水通过交换柱,水中阳离子(如 Na^+)与阳离子交换树脂中的 H^+ 交换,阴离子(如 Cl^-)与阴离子树脂中的 OH^- 交换。阳离子、阴离子交换到树脂上,树脂就成为钠型阳离子交换树脂和氯型阴离子交换树脂。进入水中的 H^+ 和 OH^- 又结合成水,水得到纯化。当树脂大多数转成钠型和氯型后,就失去了纯化水的功能,这时要分别用 HCl 和 NaOH 处理,使树脂再转化为氢型和氢氧型,称为树脂的再生。离子交换得到的纯水可达二级或一级标准。

3.电渗析法制水

电渗析设备由阴离子交换膜、阳离子交换膜和浓缩室、稀释室交替排列组成隔室。在外加直流电场作用下,水中阴离子向正极方向移动,阳离子向负极方向移动。由于离子膜所具有的选择渗透性,稀释室的阳离子移向负极并通过阳膜进入相隔的浓缩室,阳离子在浓缩室被另一面的阴膜阻挡,留在浓缩室内。稀释室的阴离子移向正极并通过阴膜进入另一端相隔的浓缩室,阴离子在浓缩室被阳膜阻挡留在浓缩室内。各浓缩室两边进入的阴离子、阳离子配对浓缩,稀释室的水得到纯化。电渗析法的脱盐率为 $95\%\sim99\%$,出水水质可达三级标准。

▶ **自主学习资源库**

①https://www.foodmate.net/
②www.chem17.com
③GB/T 6682—2008 《分析实验室用水规格和试验方法》

任务2.2 试剂的分类和贮存

▶ **任务描述**

化学试剂又叫化学药品,简称试剂。试剂对于分析化学实验十分重要,试剂不仅有各种状态,而且不同试剂的性能差异很大。本任务中,学生主要学习化学试剂的分类、规格、贮存条件和取用方法。通过本任务的学习,学生能正确完成试剂的分类和使用,提高化学分析的基础操作技能。

▶ **知识准备**

1.化学试剂的分类

试剂分类的方法较多,例如,按状态可分为固体试剂、液体试剂,按类别可分为无机试剂、有机试剂,按用途可分为通用试剂、专用试剂,按性能可分为危险试剂、非危险试剂,等等。

2.化学试剂的规格

化学试剂的种类很多,世界各国对化学试剂的分类和分级的标准也不一致。我国的试剂规格基本上按纯度(主要成分的含量和杂质含量的多少)划分,有高纯、光谱纯、基准纯、分光纯、优级纯、分析纯和化学纯7种。按国家相关部门颁布的质量指标,主要把试剂分为四个等级:优级纯、分析纯、化学纯及实验试剂。常用化学试剂的规格见表2-6。

表 2-6　常用化学试剂的规格

等级	中文名称	英文符号	适用范围	标签颜色
一级	优级纯	GR	精密分析实验	绿
二级	分析纯	AR	一般分析实验	红
三级	化学纯	CP	一般化学实验	蓝
四级	实验试剂	LR	一般化学实验辅助试剂	棕色或其他颜色

3. 化学试剂的选用

化学试剂的选用应以分析要求(包括分析任务、分析方法、对结果的准确度的要求等)为依据,合理选用不同等级的试剂。

不同等级的试剂价格往往相差甚远,化学试剂纯度越高,包装单位越小,价格越贵。若试剂等级选择不当,则可能浪费资金或影响化验结果。因此,应根据分析任务、分析方法及对分析结果准确度的要求,合理选用不同等级的试剂。化学分析实验通常使用分析纯试剂;标准溶液的配制和标定需用基准试剂;仪器分析实验一般使用优级纯、分析纯或专用试剂。

4. 化学试剂的取用

在取用和使用任何化学试剂时,首先要做到"三不",即不用手拿,不直接闻气味,不尝味道。此外,还应注意试剂瓶塞或瓶盖打开后要倒放于桌上,取用试剂后立即还原塞紧;否则会污染试剂,使之变质而不能使用,甚至可能引起意外事故。

(1)固体试剂的取用

粉末状试剂或粒状试剂一般用药匙取用,药匙有动物角匙,也有塑料药匙,且有大小之分。用量较多且容器口径又大者,可选大号药匙;用量较少或容器口径小者,可选用小号药匙,并尽量送入容器底部。特别是粉状试剂容易散落,或沾在容器口和壁上,可将其倒在折成槽形的纸条上,再将容器平置,使纸槽沿器壁伸入底部,竖起容器并轻抖纸槽,试剂便落入器底,如图 2-1 所示。块状固体用镊子送入容器时,务必先使容器倾斜,沿器壁慢慢滑入器底。

若实验中无规定剂量,所取试剂量以刚能盖满试管底部为宜。取多了的试剂不能放回原瓶,也不能丢弃,应放在指定容器中供他人使用。

取用试剂的药匙或镊子务必擦拭干净,更不能一匙多用。用后也应擦拭干净,不留残物。最好每种试剂配置一个专用药匙。

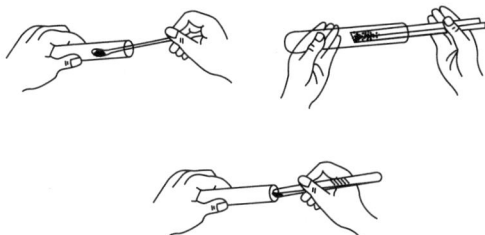

图 2-1　固体试剂取用示意图(江施云绘制)

（2）液体试剂的取用

用少量液体试剂时，常使用胶头滴管吸取。操作时注意以下几点：应在容器的正上方垂直滴入，胶头滴管不要接触容器壁；取液后的滴管，应保持橡胶胶帽在上，不要平放或倒置。

用量较多时常采用倾注法。操作时注意以下几点：先将瓶塞反放在桌面上，倾倒时瓶上的标签要朝向手心，以免瓶口残留的少量液体顺瓶壁流下而腐蚀标签。瓶口靠紧容器，使倒出的试剂沿器壁或玻璃棒流下，如图 2-2 所示。倒出需要量后，慢慢竖起试剂瓶，使残留的试剂都流入容器中，一旦有试剂流到瓶外，要立即擦净。切记不允许试剂沾染标签。

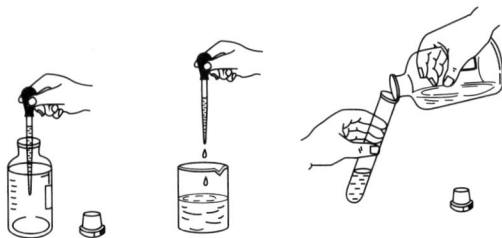

图 2-2　液体试剂取用示意图（江施云绘制）

若实验中无规定剂量，一般取用 $1\sim2$ mL。定量使用时，则可根据相关要求选用量筒、滴定管或移液管。取多的试剂也不能倒回原瓶，更不能随意废弃，应倒入指定容器内供他人使用。

思政花园：药品取用时，可能存在危险，如某些药品有腐蚀性，某些药品有毒，某些药品易挥发等，如果操作不当可能导致受伤、中毒、爆炸等。同学们需要养成严谨的实验习惯。

5.化学试剂的保存管理

①化学试剂的贮存由专人负责，管理员应具备一定的专业知识。

②检验室操作区内不允许存放化学试剂，使用完毕的化学试剂须贮存在规定的贮存柜中。

③检验中使用的化学试剂种类繁多，须严格按其性质和贮存要求分类存放，可详见本教材任务9.1。

④各种试剂均应包装完好、封口严密、标签完整、内容清晰、贮存条件明确。

⑤化学试剂不宜超量储存。

6.标准溶液的配制与标定

（1）配制

①直接配制法：准确称取一定量的基准物质，用蒸馏水溶解后，定量转移到容量瓶中，稀释至一定体积；根据称取物质的质量和容量瓶的体积，即可计算出该标准溶液的浓度。这样用试剂直接配制成准确浓度标准溶液的方法称为直接配制法。此法操作简便，一经配好即可使用，但必须用基准物质配制。

②间接配制法：先按需配制成近似浓度的溶液，然后用基准物质或另一种标准溶液来测定其准确浓度。

（2）标定

①直接标定法：精密称取一定量的基准物质，溶解后用待标定的溶液滴定，根据基准物

质的质量和待标定溶液所消耗的体积,即可计算出待标定溶液的准确浓度。

②比较标定法:准确吸取一定量的待标定溶液,用已知准确浓度的标准溶液滴定,反之亦然。根据两种溶液的体积及标准溶液的浓度计算出待标定溶液的浓度。

思政花园:在配制溶液时,要准确计算所需溶质和溶剂的量,避免浪费;同时,对于实验过程中产生的溶液等要按照规定处理,不能随意倾倒,以体现环保意识。

▶▶ **任务实施**

1. 用量筒从试剂瓶中取 20 mL 2％盐酸溶液

(1)仪器设备

量筒(50 mL)、试剂瓶(100 mL)、锥形瓶(250 mL)。

(2)材料和试剂

2％盐酸溶液、标签。

(3)操作步骤

①准备:检查器皿是否齐全。

②取样:用量筒从试剂瓶中取 20 mL 2％盐酸溶液,倒入锥形瓶中。

(4)评价表

用量筒取样评价见表2-7。

表 2-7　用量筒取样评价

项目	考核标准	分值	得分
检查	使用前检查器皿	10	
取样	取样前试剂瓶先摇匀	10	
	试剂瓶的标签一面握在掌心	10	
	量筒略微倾斜	10	
	试剂瓶口与量筒口相接触	10	
	试剂沿着试剂瓶壁缓缓流入量筒中	15	
	取出样品后,逐渐竖起试剂瓶,把瓶口剩余的液滴碰回试剂瓶中	15	
其他	按要求整理仪器和物品	10	
	按要求清洁实验台	10	
合计		·	

2. 用药匙取少量氯化钠至试管

(1)仪器设备

药匙、试管。

(2)材料和试剂

氯化钠、标签、试剂瓶(100 mL)。

(3)操作步骤

①准备:检查器皿是否齐全。

②取样:用小号药匙从试剂瓶中取出少量氯化钠,将药匙小心塞入试管中,并将氯化钠

送入试管底部。

（4）评价表

用药匙取样评价见表 2-8。

表 2-8　用药匙取样评价

项目	考核标准	分值	得分
检查	使用前检查器皿	10	
取样	取样前试剂瓶先摇匀	10	
	试剂瓶的标签一面握在掌心	10	
	用小号药匙	10	
	从试剂瓶中取出少量氯化钠,不能超过药匙 1/2	10	
	将药匙小心塞入试管中,不允许撒落	10	
	将氯化钠送入试管底部	10	
	取出药匙后,逐渐竖起试管	10	
其他	按要求整理仪器和物品	10	
	按要求清洁实验台	10	
合计			

▶▶ **任务拓展**

以用胶头滴管向锥形瓶中滴加 3 滴甲基红指示剂的学习为例,掌握指示剂的取用方法。

▶▶ **知识拓展**

指示剂是化学试剂中的一类。在一定介质条件下,其颜色能发生变化,能产生浑浊或沉淀以及有荧光现象等。它常用于检验溶液的酸碱性,滴定分析中指示滴定终点,环境检测中检验有害物。一般分为酸碱指示剂、氧化还原指示剂、金属指示剂、吸附指示剂等。

1. 酸碱指示剂

酸碱指示剂一般是有机弱酸或弱碱,它们的共轭酸碱对因结构不同而呈现不同颜色。当溶液的 pH 改变时,指示剂获得质子,由碱式转变为共轭酸式;或失去质子,由酸式转变为共轭碱式。由于其结构的转变而发生颜色的变化。不同的酸碱指示剂具有不同的变色范围。常用的酸碱指示剂见表 2-9。

表 2-9　常用的酸碱指示剂

指示剂	变色范围 (pH)	颜色变化 (酸式—碱式)	pK_{HIn}	用量 (滴/10 mL)
酚酞	8.0～10.0	无—红	9.1	1～3
甲基橙	3.1～4.4	红—黄	3.4	1
甲基红	4.4～6.2	红—黄	5.0	1
百里酚蓝	1.2～2.8	红—黄	1.7	1～2

指示剂	变色范围（pH）	颜色变化（酸式—碱式）	pK_{HIn}	用量（滴/10 mL）
中性红	6.8～8.0	红—黄橙	7.4	1
溴甲酚绿	3.8～5.4	黄—蓝	4.9	1～3
百里酚酞	9.4～10.6	无—蓝	10.0	1～2

2. 氧化还原指示剂

氧化还原指示剂是氧化还原滴定法中所使用的一类化学指示剂。它们大多数是结构复杂的有机化合物，有的是氧化剂，有的是还原剂，而指示剂的氧化态和还原态具有不同的颜色。当溶液中滴定体系电对的电位改变时，氧化还原指示剂电对的浓度也发生改变，因而引起溶液颜色变化，以指示滴定终点。常用的氧化还原指示剂见表2-10。

表2-10　常用的氧化还原指示剂

指示剂	E_{ind}/V	颜色		指示剂溶液
		氧化态	还原态	
亚甲基蓝	0.53	蓝绿	无色	0.05%的水溶液
二苯胺	0.76	紫色	无色	0.1%浓硫酸溶液
二苯胺磺酸钠	0.84	紫红	无色	0.05%水溶液
羊毛婴红A	1.00	橙红	黄绿	0.1%浓硫酸溶液
邻二氮菲亚铁	1.06	浅蓝	红色	0.025 mol/L 水溶液
邻苯胺基苯甲酸	1.08	紫红	无色	0.1%碳酸钠溶液

3. 金属指示剂

金属指示剂又称金属离子指示剂，是络合滴定法中使用的指示剂。指示终点的原理是在一定pH下，指示剂与金属离子络合，生成与指示剂游离态颜色不同的络离子。等当点时，滴定剂置换出指示剂，当观察到从络离子的颜色转变为指示剂游离态的颜色时即达终点。常用的金属指示剂见表2-11。

表2-11　常用的金属指示剂

指示剂	使用的适宜pH范围	颜色		指示剂配制
		In	MIn	
铬黑T	8～10	蓝	红	1∶100 NaCl（固体）
二甲酚橙	＜6	亮黄	红	0.5%水溶液
钙指示剂	12～13	蓝	红	1∶100 NaCl（固体）

4. 吸附指示剂

吸附指示剂一般都是有机染料，多用于沉淀滴定方法中。指示剂离子在反应中被不同的物质吸附或解吸而显示颜色的变化,借以指示滴定终点。常用的吸附指示剂见表 2-12。

表 2-12 常用的吸附指示剂

指示剂	测定对象	滴定剂	颜色变化	适用 pH 范围
荧光黄	Cl^-	Ag^+	黄绿—粉红	7.0～10.0
二氯荧光黄	Cl^-	Ag^+	黄绿—粉红	4.0～10.0
曙红	Br^-、I^-、SCN^-	Ag^+	橙色—紫红	2.0～10.0

▶▶ 自主学习资源库

①https://www.foodmate.net/
②GB/T 37885—2019 《化学试剂 分类》
③GB 15346—2012 《化学试剂 包装及标志》

任务 3 计量类器皿的操作

学习目标

知识目标

①了解吸量管、移液管、容量瓶、移液枪的规格和主要用途。

②理解酸碱指示剂的变色原理。

③熟悉吸量管、移液管、容量瓶、滴定管、移液枪的构造。

④掌握吸量管、移液管、容量瓶、滴定管、移液枪的使用方法。

技能目标

①能熟练使用移液管、吸量管进行吸液操作。

②能使用容量瓶准确完成溶液配制。

③能正确判读吸量管、移液管、容量瓶、移液枪的有效数字。

④会正确控制滴定速度,并准确判定滴定终点。

⑤能正确使用移液枪。

⑥能规范记录原始数据。

⑦能准确进行数据处理。

素质目标

①培养学生严谨规范、耐心细心、一丝不苟的检测岗位工作作风。

②培养学生形成认真负责、诚实守信的工作态度。

③提高学生分析问题和解决问题的能力。

④培养学生爱劳动、会劳动的意识,保持实验过程整洁、干净的职业素养。

⑤培养学生在检测过程中按照标准进行检验的能力,具备客观、公正的职业操守。

任务 3.1 移液的操作

任务描述

移液操作是指用吸量管、移液管或移液枪来准确移取一定体积的溶液,完成吸取溶液的操作。吸量管和移液管用于准确移取较大体积的溶液,移液枪用于少量或微量液体的移取。本任务中,学生主要学习吸量管、移液管和移液枪的规格和使用方法。通过本任务的学习,学生能够准确移取一定体积的溶液,提高化学分析的基础操作技能。

知识准备

1. 移液工具的规格与构造

(1)移液管

移液管是一根细长而中间膨大的玻璃管,管颈上刻有标线,如图 3-1(a)所示。常用的移液管有 2 mL、5 mL、10 mL、20 mL、25 mL、50 mL 等规格,它只能量取某一规格的体积。

(2)吸量管

吸量管是具有分刻度的直形玻璃管,如图 3-1(b)所示,用于移取不同体积的溶液。常用的吸量管有 1 mL、2 mL、5 mL、10 mL 等规格。

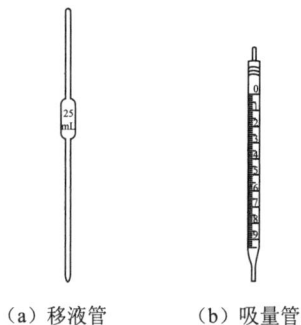

(a)移液管　　　(b)吸量管

图 3-1　移液管和吸量管示意图(江施云绘制)

(3)移液枪

移液枪是依据胡克定律而设计的,即在一定限度内,弹簧的伸展长度与弹力成正比,通过调节弹簧的弹力,控制移液枪所移取的液体体积,如图 3-2 所示。常见的量程包括 0.1~2.5 μL、0.5~10 μL、10~100 μL、20~200 μL、100~1000 μL、0.5~5 mL。

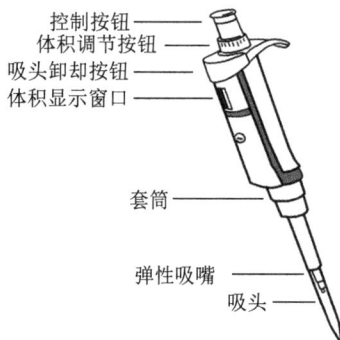

控制按钮
体积调节按钮
吸头卸却按钮
体积显示窗口

套筒

弹性吸嘴
吸头

图 3-2　移液枪示意图(江施云绘制)

2. 使用方法

(1)移液管的使用方法

①检查:检查管口和尖嘴有无破损,若有破损则不能使用。

②洗涤:使用前,移液管应该洗净,使整个内壁和下部的外壁不挂水珠。不太脏时,可用自来水冲洗;当用水洗不干净时,可用铬酸洗液洗涤,再用自来水冲洗;用水洗涤后须用蒸馏水淋洗 3 次以上。

③润洗:用待吸溶液润洗 2~3 次。方法:用洗净并烘干的小烧杯倒入一部分待吸取的溶液,用移液管吸取移液管容积的 1/3 左右,迅速移去洗耳球,用右手食指按住上管口,将移液管由待吸溶液中取出后横持,左手扶住管的下端,慢慢松开右手食指,一边转动管子,一边降低上管口,使溶液接触到标线以上部位,布满全管内壁,以置换内壁上的水分。然后将吸取的溶液从移液管的下口放出并弃去,如图 3-3 所示。

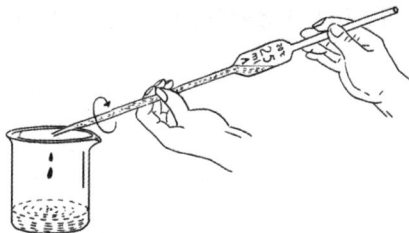

图3-3 移液管的润洗示意图(江施云绘制)

④吸取溶液:用右手的大拇指和中指拿住移液管管颈标线以上处,将移液管的下口插入待吸溶液液面以下1~2 cm处。(不要插入太浅或太深。太浅会因液面下降后产生吸空,把溶液吸到洗耳球内而被污染;太深会使管外壁黏附溶液过多,影响量取溶液体积的准确性。)左手拿洗耳球,将食指或拇指放在球体上方,先把球内空气压出,然后把球的尖端接到移液管的上管口,慢慢松开手指,溶液逐渐吸入管内,如图3-4所示。注意容器液面和移液管尖的位置,使移液管随液面下降而下降。当液面上升至标线以上1~2 cm处时,迅速移去洗耳球,并用右手食指按住管口。

图3-4 移液管吸取溶液示意图(江施云绘制)

⑤调节液面:用滤纸擦去管尖外部的溶液,将移液管的吸液口靠着洁净的小烧杯内壁,左手持杯,并使其倾斜30°~45°,保持移液管垂直,此时微微放松右手食指,并用拇指和中指轻轻转动移液管,让溶液缓慢流出,使液面平稳下降,直到溶液的弯月面(最低点)与标线的上缘水平相切,立即用食指压紧管口,使溶液不再流出。

⑥放出溶液:把吸有一定体积溶液的移液管移入承接溶液的容器中时,左手则改拿接受容器,并将接受容器倾斜,移液管保持垂直,使移液管尖端紧贴接受容器内壁,松开右手食指,让管内溶液自然地全部沿器壁流下,如图3-5所示。待液面下降到管尖时,再等15 s后取出移液管。

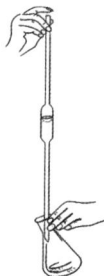

图3-5 移液管放出溶液示意图(江施云绘制)

⑦放置移液管:使用结束后,用洗涤移液管的步骤清洗移液管后,置于移液管架上备用。

(2)吸量管的使用方法

吸量管的使用方法与移液管大致相同,这里再强调以下几点:

①标称容量在 1 mL 及其以上的吸量管,由于其容量允差比同容量的移液管大,所以在吸取超过 1 mL 固定体积的溶液时,应尽可能使用移液管。

②流出式吸量管放出溶液时,与移液管使用情况类似,需要一定的等待时间;吹出式吸量管标称容量较小,使用时必须使管内的溶液全部流出,末端的溶液也必须从管口吹出,不许保留。

③在同一实验中,应尽可能地使用同一支吸量管的同一段,并且尽量使用吸量管的上端部分,而不用末端收缩部分。

思政花园:移液管和吸量管的使用有一系列规范操作,如手持位置、读数方法、排液操作等,在使用过程中,必须严格按照操作规范,追求准确无误的量取结果,这就是工匠精神在实验操作中的体现。同学们需要养成严谨、细致、追求卓越的工作态度。

(3)移液枪的使用方法

①检查:检查按钮是否顺畅。

②选择吸头:移液枪吸头一般分为白、黄、蓝三种。其中,$0.1\sim2.5\ \mu L$,$0.5\sim10\ \mu L$,$2\sim20\ \mu L$ 使用白吸头;$5\sim50\ \mu L$,$10\sim100\ \mu L$,$20\sim200\ \mu L$ 使用黄吸头;$100\sim1000\ \mu L$ 使用蓝吸头。

③调节量程:根据所需移取的液体体积,调节移液枪的量程。注意在从小体积调为大体积时,应先逆时针旋转刻度旋钮至超过量程的刻度,再回调至设定体积,以保证量取的最高精确度。

④装配吸头:将移液枪垂直插入吸头中,稍微用力左右微微转动即可使其紧密结合。

⑤吸液:吸头先在液体中润洗 $2\sim3$ 次;吸液时,慢吸慢放,把控制按钮压至第一停点,吸头尖端浸入液面以下(微量移液枪,吸头应浸入 $1\sim2$ mm,而大量程的移液枪,浸入深度应为 $6\sim10$ mm);垂直吸液,缓慢平稳松开按钮,吸入液体,再将吸头提离液面。

⑥放液:将吸头紧贴容器内壁,把控制按钮压到第二停点,将全部液体排出。

⑦退卸吸头:用吸头卸却按钮卸去,将吸头打入废液缸。

⑧复位:将移液枪恢复至最大量程,将其竖直挂在移液枪架上。

(4)注意事项

①大多数移液枪的正常操作体积范围是指示量程的 $10\%\sim100\%$,这一范围是可操作范围,随着体积设定的下降,性能参数将会发生变化。

②以垂直角度移取溶液可以提高准确性。

③吸有液体的移液枪不应平放,吸头内的液体很容易污染枪内部,可能导致枪的弹簧生锈。

▶▶ **任务实施**

1. 用 20 mL 移液管吸取 10％氯化钠溶液

(1)仪器设备

移液管(20 mL)、烧杯(50 mL、200 mL、500 mL)、锥形瓶(100 mL)、吸水纸。

(2)材料和试剂

10％氯化钠溶液、蒸馏水。

(3)操作步骤

①洗涤:将移液管洗净。

②润洗:将 10％氯化钠溶液倒至烧杯中,润洗移液管 3 次。

③吸液:准确吸取 20 mL 10％氯化钠溶液。

④放液:将 20 mL 10％氯化钠溶液放至锥形瓶中。

(4)评价表

用移液管吸液操作评价见表3-1。

表 3-1　用移液管吸液操作评价

项目	考核标准	分值	得分
洗涤	先用自来水洗净,内壁和下部的外壁不挂水珠	5	
	再用蒸馏水淋洗 3 次以上	5	
润洗	用待洗溶液润洗,润洗充分,用量准确,润洗次数 2～3 次	10	
吸液	移液管握法正确	5	
	要将溶液倒至烧杯再开始吸取,不能把移液管伸入试剂瓶中吸液	5	
	吸液过程保持移液管插入液面1～2 cm左右,不靠壁,不触底	10	
	熟练使用洗耳球,无吸过或吸空	10	
调节液面	控制烧杯倾斜位置,调节液面时不让管尖浸没在溶液中	5	
	调节液面需一次完成	5	
	调节刻度时,平视,溶液凹液面与刻度相切	10	
放液	放液时,锥形瓶倾斜,移液管与地面垂直	10	
	停留约 15 s,管尖停靠位置准确	10	
其他	润洗和吸液时无溅出或无漏液在桌面,整理台面	10	
合计			

2.用 5 mL 吸量管分别吸取 1 mL、2 mL、3 mL、4 mL、5 mL 五份 10％氯化钠溶液

(1)仪器设备

吸量管(5 mL)、烧杯(50 mL、200 mL、500 mL)、锥形瓶(100 mL)、吸水纸。

(2)材料和试剂

10％氯化钠溶液、蒸馏水。

(3)操作步骤

①洗涤:将吸量管洗净。

②润洗:将待吸取的 10％氯化钠溶液倒至烧杯中,将吸量管润洗 3 次。

③吸液:用吸量管吸取五份目标体积的 10％氯化钠溶液。

④放液:将吸量管吸取的五份目标体积的 10％氯化钠溶液放至五个锥形瓶中。

（4）评价表

用吸量管吸液操作评价见表 3-2。

表 3-2　用吸量管吸液操作评价

项目	考核标准	分值	得分
洗涤	先用自来水洗净,内壁和下部的外壁不挂水珠	5	
	再用蒸馏水淋洗 3 次以上	5	
润洗	用待洗溶液润洗,润洗充分,用量准确,润洗次数 2～3 次	5	
吸液	吸量管握法正确	5	
	要将溶液倒至烧杯再开始吸取,不能把吸量管伸入试剂瓶中吸液	5	
	吸液过程保持吸量管插入液面 1～2 cm 左右,不靠壁,不触底	10	
	使用同一根吸量管完成 5 次吸液,并且使用吸量管的上端部分,而不用末端收缩部分	10	
	熟练使用洗耳球,无吸过或吸空	5	
调节液面	控制烧杯倾斜位置,调节液面时不让管尖浸没在溶液中	5	
	调节液面需一次完成	5	
	调节刻度时,平视,溶液凹液面与刻度相切	10	
放液	放液时,锥形瓶倾斜,吸量管与地面垂直	10	
	停留约 15 s,管尖停靠位置准确	10	
其他	润洗和吸液时无溅出或无漏液在桌面,整理台面	10	
合计			

3. 用移液枪加标液

（1）仪器设备

移液枪（10～100 μL）、吸头（100 μL）、离心管（50 mL）、烧杯（500 mL）。

（2）材料和试剂

农药标准使用液。

（3）操作步骤

①调节量程:将移液枪的体积调节至 80 μL。

②安装:将移液枪垂直插入吸头,轻轻旋转以确保吸头上紧。

③润湿吸头:反复吸液、排液不少于 3 次,以润湿吸头。

④吸液:将吸头浸入标液内,缓慢释放控制按钮以吸入液体,等待 1～2 s 后缓慢取出。

⑤排液:将吸头靠在离心管内壁,并与其成 45°角。将按钮完全按下,使液体完全排出。

⑥退卸吸头:用吸头卸却按钮卸去,将吸头打入废液缸。

⑦归位:将移液枪恢复至最大量程,竖直挂在移液枪架上。

（4）评价表

用移液枪吸液操作评价见表 3-3。

表 3-3 用移液枪吸液操作评价

项目	考核标准	分值	得分
调节量程	将移液枪的体积调节到需要刻度	10	
安装	将移液枪垂直插入吸头,轻轻旋转以确保吸头上紧	10	
润湿吸头	反复吸液、排液不少于 3 次,以润湿吸头	10	
吸液	将吸头完全浸没,缓慢释放控制按钮以吸入液体,等待 1～2 s 后缓慢取出	20	
排液	将吸头靠在离心管内壁,并与其成 45°角,将按钮完全按至第二档,使液体完全排出	20	
退卸吸头	按压吸头卸却按钮,将吸头打入废液缸	10	
实验结束操作	将移液枪恢复至最大量程,将其竖直挂在移液枪架上	10	
整理	整理台面	10	
合计			

▶ **任务拓展**

①以稀释 100 倍牛奶样品的项目为例,通过训练巩固移液管和吸量管的使用方法。

②以吸取 3 mL 异丙醇的项目为例,通过训练掌握 1～5 mL 移液枪的使用方法。

③话题讨论:准确吸取溶液时,溶液的体积如何记录?

▶ **知识拓展**

1. 移液管的校准

①将欲校准的移液管用自来水、洗液、蒸馏水洗刷干净。

②吸取蒸馏水,并调整至刻度。

③将水放入已知重量的、干燥的称量瓶中(G_1)。让水自然流出后,将移液管尖端与称量瓶接触,使残留液滴自动沿壁流出,仍留在管内的部分可不再处理。记录水的温度 t ℃。

④在 1/10 天平上称量水与称量瓶的质量(G_2)。

⑤计算:

a. 移液管容纳的水重:

$$W_t = G_2 - G_1$$

式中,G_1——称量瓶的质量,单位 g;

G_2——称量瓶与水的质量,单位 g;

W_t——t ℃时水的质量,单位 g。

b. 查水的密度表,得出 t ℃时水的密度 d_t,计算移液管的真实体积:

$$V_t = W_t / d_t$$

式中,V_t——t ℃时水的体积,即移液管的体积,单位 mL;

d_t——t ℃时水的密度,单位 g/mL。

⑥检查 V_t 与标称值是否一致。若有差异,可根据上述结果,先估计一个刻度位置,重复上述校正步骤。如仍有偏差,再行修改刻度,重复校验,直至获得准确刻度的位置。

2. 移液枪的清洁与消毒

①定期清洁外壁：使用含肥皂液、洗洁精或 60% 异丙醇清洁液的湿布，去除移液枪外部污垢，再用重蒸水淋洗，自然晾干或用干净的布擦干。

②内部清洁：如果移液枪误吸入样品被污染，需拆卸移液枪的下半部分进行清洁。使用肥皂液、洗洁精或 60% 异丙醇清洁，并用重蒸水淋洗干净，晾干后再组装。移液枪内部的密封圈是免维护的，无须拆卸和更换。

③消毒处理：移液枪的枪体外表面可以使用 75% 的酒精进行擦拭消毒。有些移液枪是可以进行高压灭菌的，可以直接放入灭菌器中进行灭菌。

▶▶ **自主学习资源库**

①https://www.foodmate.net/

②GB/T 12808—2015 《实验室玻璃仪器 单标线吸量管》

③GB/T 12807—2021 《实验室玻璃仪器 分度吸量管》

④DB 13/T 2105—2014 《实验室化学分析移液操作规程》

任务 3.2 容量瓶的使用

▶▶ **任务描述**

容量瓶主要用来配制准确浓度的溶液或定量的稀释溶液，它常和移液管配合使用。本任务中，学生主要学习容量瓶的分类和操作方法。通过本任务的学习，学生能用容量瓶完成一定浓度的溶液配制，提高化学分析的基础操作技能。

▶▶ **知识准备**

1. 分类

容量瓶是由无色或棕色玻璃制成的，带有磨口玻璃塞或塑料塞，颈上有一标线。容量瓶的容量定义为在 20 ℃ 时，充满至刻度线所容纳水的体积。常用的容量瓶有 25 mL、50 mL、100 mL、250 mL、500 mL、1000 mL 等规格。

2. 使用方法

（1）检漏

容量瓶使用前应检查瓶塞处是否漏水，标线位置距离瓶口是否太近，如果漏水或标线距离瓶口太近，则不宜使用。方法：加蒸馏水至标线附近，盖好瓶塞后，一手用食指按住塞子，其余手指拿住瓶颈标线以上部分，另一手用指尖托住瓶底边缘，倒立 2 min，如图 3-6 所示。如不漏水，将瓶直立，后将瓶塞旋转 180°，倒过来再试一次。

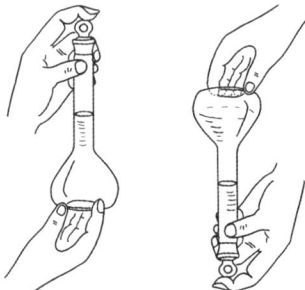

图 3-6 容量瓶检漏操作示意图（江施云绘制）

操作时,可用一手的食指及中指(或中指及无名指)夹住瓶塞的扁头,如图3-7所示。也可用橡皮圈或细绳将瓶塞系在瓶颈上。如果是平顶的塑料盖子,则可将盖子倒放在桌面上。

图3-7 容量瓶瓶塞的夹持操作示意图(江施云绘制)

(2)转移

用固体物质配制一定体积的标准溶液时,将准确称取的固体物质置于小烧杯中;再用蒸馏水将其溶解。然后再将溶液定量转移到预先洗净的容量瓶中,转移溶液的操作方法,如图3-8所示。一只手将一根玻璃棒伸入容量瓶内,使其下端靠着瓶颈内壁,并尽可能地接近标线,上部不碰瓶口;另一只手拿着烧杯,让烧杯嘴贴紧玻璃棒,慢慢倾斜烧杯,使溶液沿着玻璃棒和容量瓶内壁流入。溶液流完后,将烧杯沿玻璃棒轻轻上提,同时将烧杯直立,使附在玻璃棒和烧杯嘴之间的液滴流回到烧杯中,将玻璃棒放回烧杯。

图3-8 溶液转入容量瓶的操作示意图(江施云绘制)

(3)淋洗

为保证试样能全部转移到容量瓶中,要用蒸馏水淋洗玻璃棒和烧杯内壁,将洗涤液也转移至容量瓶中。转移时要用玻璃棒引流。如此重复洗涤多次(至少3次)。完成定量转移后,加蒸馏水,稀释至容量瓶容积的2/3～3/4时,用右手食指和中指夹住瓶塞的扁头,把容量瓶拿起,按水平方向旋摇几周,使溶液初步混匀,这样可避免溶液混合后体积的改变。

(4)定容

继续加蒸馏水至距离标线约1 cm处,放置1～2 min,使附在瓶颈内壁的溶液流下后,再用细而长的滴管滴加蒸馏水至弯月面下缘与标线相切为止,盖紧瓶塞。无论溶液有无颜色,一律按照这个标准操作。即使溶液颜色比较深,但最后所加的蒸馏水位于溶液的最上层,而尚未与有色溶液混匀,所以弯月面下缘仍然非常清楚,不会有碍观察。观察时,视线应与标线的最低点相切。若加水超过标线,则需重新配制。

若用容量瓶稀释溶液,用移液管移取一定体积的浓溶液放入容量瓶中,再按上述方法稀释至标线。

(5)摇匀

盖紧瓶塞,用一只手的食指按住瓶塞上部,其余四指拿住瓶颈标线以上部分。用另一只手的指尖托住瓶底边缘将容量瓶倒转,使气泡上升到顶部,同时将容量瓶振荡数次后使其正立,如图 3-9 所示,待溶液完全流下至标线处,再次倒转过来进行振荡,如此反复多次,将溶液混合均匀。最后将容量瓶放正,打开瓶塞,使瓶塞周围的溶液流下后,重新盖紧瓶塞,再倒转过来振荡 1~2 次,使溶液全部混合均匀。

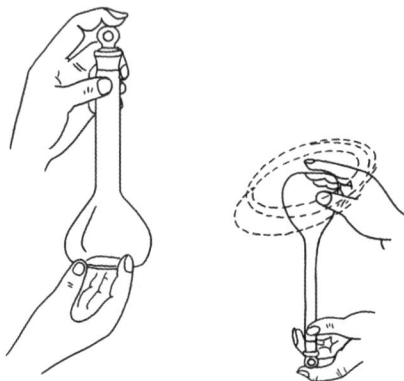

图 3-9　容量瓶摇匀操作示意图(江施云绘制)

3. 注意事项

①容量瓶的容积是特定的,瓶身上只有一个标线,所以一种型号的容量瓶只能配制同一体积的溶液。

②易溶解且不发热的液体可直接加入容量瓶中溶解或稀释,其他物质不能在容量瓶里进行试样的溶解或稀释,应将试样在烧杯中溶解或稀释后再转移到容量瓶中。

③若将温度较高或较低的溶液注入容量瓶,容量瓶则会热胀冷缩,所量体积就会不准确,导致所配制的溶液浓度不准确。

④容量瓶只能用于配制溶液,不能储存溶液,应将配制好的溶液转移至试剂瓶中,贴上标签。

⑤容量瓶用毕应及时洗涤干净,塞上瓶塞,并在塞子与瓶口之间夹一条纸条,防止瓶塞与瓶口粘连。

⑥必须保持瓶塞与瓶子的配套,标以记号或用细绳、橡皮筋等把它系在瓶颈上,以防跌碎或与其他瓶塞弄混。

⑦不能用手掌紧握瓶身,以免体温造成液体膨胀,影响准确性。

思政花园:在容量瓶的使用过程中,从挑选合适的容量瓶到准确的定容操作,每一步都需要高度的精确性。例如,选择容量瓶时要确保其容积与所需分配的液体量相符,刻度清晰以便准确读取液面高度;定容时要将液体的弯月面与标线正好相切。这些都体现了科学实验中严谨细致的态度,同学们在科学研究和学习中要尊重事实、遵循标准,养成精益求精的科学精神。

▶ **任务实施**

1. pH 4.00 标准缓冲溶液的配制

（1）仪器设备

容量瓶（250 mL）、烧杯（100 mL）、玻璃棒、吸水纸、胶头滴管、试剂瓶。

（2）材料和试剂

pH 4.00 标准缓冲溶液的试剂包、蒸馏水。

（3）操作步骤

①准备：检查容量瓶是否漏水、是否洗涤干净。

②溶解：将 pH 4.00 标准缓冲溶液的试剂倒入烧杯中，用适量蒸馏水将其溶解。

③转移、淋洗：

a.用玻璃棒引流，将溶解好的缓冲溶液转移至容量瓶中。

b.用少量蒸馏水淋洗玻璃棒和烧杯 3 次，将洗涤液按照同样方法也转移至容量瓶中。

c.向容量瓶中加蒸馏水至 2/3～3/4 处时，水平旋摇几周，让溶液初步混匀。

④定容：继续加蒸馏水至近标线约 1 cm 时，改用胶头滴管加蒸馏水直至液体的弯月面底部与标线正好相切。

⑤摇匀：

a.盖紧瓶塞，用倒转和摇动的方法使瓶内的液体混合均匀。

b.将配制好的缓冲溶液转移至试剂瓶中，贴上标签，标注溶液浓度、配制时间和配制人等信息。

（4）评价表

缓冲溶液配制评价见表 3-4。

表 3-4 缓冲溶液配制评价

项目	考核标准	分值	得分
检漏	一手用食指按住塞子，其余手指拿住瓶颈标线以上部分，另一手用指尖托住瓶底边缘，倒立约 2 min	5	
	将瓶直立，将瓶塞旋转 180° 后，再倒过来试一次	5	
洗涤	先用自来水充分洗涤容量瓶及瓶塞	5	
	用蒸馏水淋洗 3 次	5	
转移	标准缓冲溶液充分溶解	5	
	用玻璃棒引流，玻璃棒下端靠着瓶颈内壁，上部不碰瓶口	5	
	烧杯嘴贴紧玻璃棒，烧杯倾斜，溶液沿着玻璃棒和容量瓶内壁流入	5	
	溶液流完后，将烧杯沿玻璃棒轻轻上提，同时将烧杯直立	5	
	用少量蒸馏水淋洗玻璃棒和烧杯 3 次，尽可能转移洗涤液至容量瓶中	5	
定容	稀释时加蒸馏水至距离标线约 1 cm 处，等待 1～2 min	5	
	接近刻度时，改用胶头滴管完成定容操作，定容准确	5	
	胶头滴管垂直在瓶口上方，不碰壁	5	
	定容时，视线应与标线的最低点相切	5	

续表

项目	考核标准	分值	得分
摇匀	盖紧瓶塞,将容量瓶倒转,将容量瓶振荡数次后使其正立,待溶液完全流下至标线处,再次倒转过来进行振荡	5	
	将容量瓶放正,打开瓶塞,使瓶塞周围的溶液流下后,重新盖紧瓶塞,再倒转过来振荡混匀	5	
标识	将配制的标准溶液转移至试剂瓶中,并做好标记	5	
数据记录	规范记录数据	5	
	计算结果正确	10	
其他	按时完成,整理台面	5	
合计			

2. 用 100 μg/mL 对乙酰氨基酚母液配制 10 μg/mL 对乙酰氨基酚标准溶液

(1)仪器设备

容量瓶(100 mL)、烧杯(50 mL、100 mL、500 mL)、吸量管(10 mL)、玻璃棒、吸水纸、胶头滴管、试剂瓶。

(2)材料和试剂

100 μg/mL 对乙酰氨基酚标准溶液、蒸馏水。

(3)操作步骤

①容量瓶准备。

②吸量管准备。

③移取母液:用吸量管精密移取 100 μg/mL 对乙酰氨基酚母液 10 mL 于 100 mL 容量瓶中。

④稀释:用玻璃棒引流,向容量瓶中加蒸馏水,溶液体积至 2/3～3/4 处时,水平旋摇几周,让溶液初步混匀。

⑤定容、摇匀:

a.加蒸馏水至近标线 1 cm 时,改用胶头滴管加蒸馏水直至液体的弯月面底部与标线正好相切。

b.盖紧瓶塞,用倒转和摇动的方法使瓶内的液体混合均匀。

c.将溶液转移至试剂瓶中,计算所配制好的对乙酰氨基酚溶液浓度,贴上标签,标注溶液浓度、配制时间和配制人等信息。

(4)数据记录

①移取母液的体积(mL)。

②定容体积(mL)。

③对乙酰氨基酚溶液浓度计算过程。

(5)评价表

标准溶液配制评价见表 3-5。

表 3-5　标准溶液配制评价

项目	考核标准	分值	得分
玻璃器皿的准备	正确选择玻璃器皿,并清洗干净,内壁和下部的外壁不挂水珠;再用蒸馏水淋洗 3 次以上	5	
	用待洗溶液润洗,润洗充分,用量准确,润洗次数 2～3 次	5	
吸量管的使用	吸量管握法正确	5	
	要将溶液倒到烧杯再开始吸取,不能把吸量管伸入试剂瓶中吸液	5	
	正确处理吸量管管尖内外	5	
	控制烧杯倾斜位置,调节液面时不让管尖浸没在溶液中	5	
	调节液面需一次完成	5	
	调节刻度时,平视,溶液凹液面与刻度相切	5	
	放出溶液时吸量管垂直,容量瓶倾斜约 30°,管尖抵容量瓶内壁;溶液放尽后,吸量管停留 15 s 再移开	5	
	熟练使用洗耳球,无吸过或吸空	5	
容量瓶的使用	稀释时用玻璃棒引流,玻璃棒不能触及容量瓶瓶口,下端紧靠容量瓶内壁(非磨口)	5	
	稀释时加蒸馏水至容量瓶体积 2/3～3/4 时,水平方向旋转,做到初步混匀	5	
	稀释时加蒸馏水至距离标线约 1 cm 处,等待 1～2 min	5	
	接近刻度时,改用胶头滴管完成定容操作	5	
	胶头滴管垂直在瓶口上方,不碰壁	5	
	定容时,视线应与标线的最低点相切	5	
	摇匀操作规范,上下倒置,混合均匀,中间开塞	5	
标识	将配制的标准溶液转移至试剂瓶中,并做好标记	5	
数据记录	规范记录数据,计算结果正确	5	
其他	按时完成,整理台面	5	
合计			

▶▶ **任务拓展**

①话题讨论:配制标准溶液时,定容时仰视和俯视对溶液浓度是否有影响?

②通过学习并查阅相关资料,整理完成容量瓶的使用步骤和操作要求,达到正确使用容量瓶的目的。

▶▶ **知识拓展**

容量瓶的校正方法有绝对校正法和相对校正法。

1. 绝对校正法

将洗净、干燥、带塞的容量瓶准确称量(空瓶质量)。注入蒸馏水至标线,记录水温,用滤纸条吸干瓶颈内壁水滴,盖上瓶塞称量,两次称量之差即为容量瓶容纳的水的质量。根据上述方法算出该容量瓶 20 ℃时的真实容积数值,求出校正值。

2. 相对校正法

预先将容量瓶洗净烘干,用洁净的吸量管吸取蒸馏水注入该瓶中。若容量瓶容积为 250 mL,吸量管为 25 mL,则共吸 10 次,观察容量瓶中水的弯月面是否与标线相切。若不相切,表示有误差,一般应将容量瓶烘干后再重复校正一次。如果仍不相切,在容量瓶颈上做一新标记,以后配合该吸量管使用时,可以新标记为准。

▶▶ 自主学习资源库

①https://www.foodmate.net/

②GB/T 12806－2011 《实验室玻璃仪器 单标线容量瓶》

任务 3.3 滴定管的使用

▶ 任务描述

滴定管是用来准确测量滴定中所用滴定液体积的仪器,是一种管身细长、内径均匀、刻度精密的玻璃管,最小刻度为 0.1 mL,读数可估计到 0.01 mL。本任务中,学生主要学习滴定管的分类和使用方法。通过本任务的学习,学生能熟练使用滴定管,提高化学分析的基础操作技能。

▶▶ 知识准备

1. 分类

常量分析常用的滴定管容量规格有 50 mL 和 25 mL,半微量或微量滴定管容量多为 10 mL、5 mL、2 mL、1 mL 等规格。滴定管一般分为两种:一种是酸式滴定管,一种是碱式滴定管。酸式滴定管如图 3-10(a)所示:滴定管下端有玻璃旋塞开关,用来装酸性溶液和氧化性溶液,不宜盛放碱性溶液(避免腐蚀磨口和活塞)。碱式滴定管如图 3-10(b)所示:管身与下端的细管之间用乳胶管连接,胶管内放一粒玻璃珠以控制溶液的流出,乳胶管下端再连一尖嘴玻璃管,不宜盛放对乳胶管有腐蚀作用的溶液或能与乳胶管反应的氧化性溶液。近年来,实验中还使用聚四氟乙烯活塞的滴定管,如图 3-10(c)所示,既耐酸又耐碱,可以盛放任何滴定液。

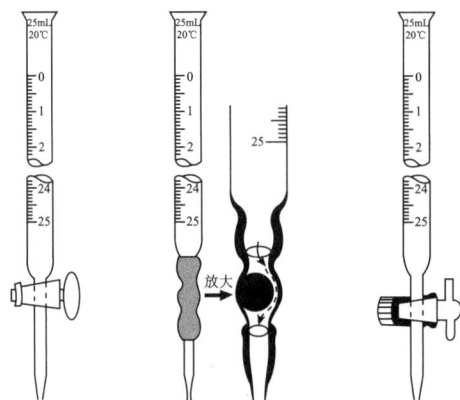

(a)酸式滴定管　(b)碱式滴定管　(c)聚四氟乙烯滴定管

图 3-10　滴定管示意图(江施云绘制)

2. 操作方法

（1）用前检查

①酸式滴定管：先将旋塞关闭，管内充满水至最高标线，垂直夹在滴定夹上，放置 2 min 后观察旋塞边缘及管口是否渗水；将旋塞转动 180°，再放置 2 min，观察是否渗水。若无渗水且旋塞转动灵活，即可使用。若滴定管漏水或活塞旋转不灵活，应将酸式滴定管平放在实验台上，解开橡皮筋，拔出旋塞，用滤纸吸干旋塞及旋塞套内壁的水分，用手指蘸少许凡士林在旋塞两头均匀地涂上薄薄一层，或者用手指蘸少许凡士林涂在活塞大头和活塞套小口的内侧。无论哪种方法，都不要将凡士林涂在活塞孔上下两侧，以免凡士林堵住塞孔，如图 3-11（a）所示。将旋塞沿旋塞孔与滴定管平行的方向插入旋塞槽内，按紧，向同一方向旋转旋塞，直至旋塞中油膜均匀且呈透明状态，如图 3-11（b）所示。为避免旋塞松动脱落，涂凡士林后的滴定管应在旋塞末端套上小橡皮圈，如图 3-11（c）所示。

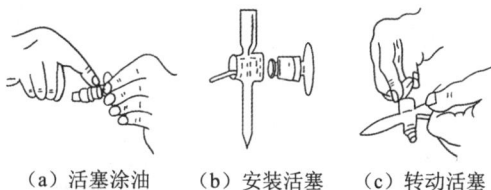

（a）活塞涂油　（b）安装活塞　（c）转动活塞
图 3-11　酸式滴定管的涂油操作示意图（江施云绘制）

②碱式滴定管：装入适量水，擦干滴定管外部，夹在滴定管架上，放置 2～3 min，观察管尖是否有水珠滴出。若漏水则须更换玻璃珠或乳胶管。检查玻璃珠的大小和乳胶管粗细是否匹配，能否灵活地控制液滴。

③聚四氟乙烯滴定管：一般不需要涂凡士林，活塞的松紧程度由活塞细端的螺母来控制，使用前直接检查活塞是否漏水。

（2）洗涤

通常滴定管可用长管刷蘸肥皂水或洗涤剂洗刷，而后用自来水冲洗干净，蒸馏水淋洗；有油污的滴定管要用铬酸洗液洗涤。用铬酸洗液洗涤时，应将滴定管内的水沥干，倒入 10 mL 洗液（碱式滴定管应卸下乳胶管，套上旧橡皮乳头，再倒入洗液），将滴定管逐渐向管口倾斜，用两手转动滴定管，使洗液布满全管，打开旋塞，将洗液放回原瓶中。如果内壁沾污严重时，则需用洗液充满滴定管（包括旋塞下部尖嘴出口），浸泡 10 min 至数小时，或用温热洗液浸泡 20～30 min。先用自来水冲洗干净，再用蒸馏水淋洗 3 次。

（3）装液

装入滴定液前，滴定管须用 5～10 mL 滴定液润洗 2～3 次。方法：两手平端滴定管，慢慢转动，使滴定液流遍全管，并使溶液从滴定管下端流尽，以除去管内残留水分。将滴定液装入滴定管之前，应将其摇匀，混匀后的滴定液应直接倒入滴定管中，不得借用任何别的器皿（如烧杯、漏斗），以免滴定液浓度改变或造成污染。装入滴定液时，应加至零刻度线以上。

（4）排气

酸式滴定管：迅速转动旋塞，使溶液快速冲出，将气泡带走。碱式滴定管：右手拿滴定管上端，使管身倾斜，左手捏挤乳胶管玻璃珠周围，并使尖端上翘，使溶液从尖嘴喷出，排除气泡，如图 3-12 所示。

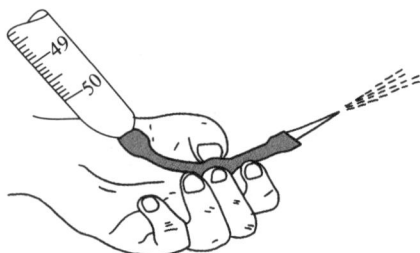

图 3-12　碱式滴定管排气泡操作示意图（江施云绘制）

（5）调零

排除气泡后，装入滴定液，将滴定管夹在滴定台架上，保持其垂直于地面，左手操作滴定管开关使液面慢慢下降至液面的凹月面最低处与"0"刻度线相切，记下初读数 0.00 mL。

（6）滴定操作

滴定时，将滴定管夹在滴定台架上，左手操作滴定管，右手自然拿住锥形瓶的颈部，提起锥形瓶，使滴定管下端伸入瓶口内 1 cm 左右，两手配合操作，边滴加溶液，边旋摇锥形瓶，使瓶内溶液充分混合、及时反应，直至反应终点。

①酸式滴定管的操作：旋塞柄向右，左手拇指在管前方，食指和中指在管后方控制旋塞的转动，如图 3-13 所示，无名指和小指向手心弯曲，轻贴尖嘴管，手心空握，以免掌心把旋塞顶出而发生溶液渗漏。但也不要过分往里扣，以免造成活塞转动困难，不能自如操作。

图 3-13　酸式滴定管的滴定操作示意图（江施云绘制）

②碱式滴定管的操作：左手拇指和食指捏住玻璃珠所在部位，其他三指辅助夹住出口管，向右推挤乳胶管，使玻璃珠移至手心一侧而形成一个小缝隙，如图 3-14 所示，这样即可使溶液流出。注意不要用力捏挤玻璃珠，不要使玻璃珠上下移动，也不要捏挤玻璃珠下方胶管，以免空气进入而形成气泡，而造成读数误差。

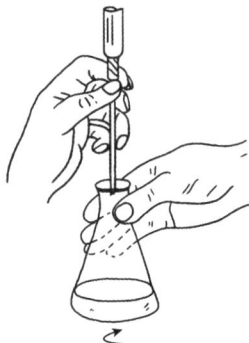

图 3-14　碱式滴定管的滴定操作示意图（江施云绘制）

（7）读数

①装满溶液或放出溶液后，需等1~2 min，使附着在内壁的溶液流下来再读数。每次读数前检查管壁是否挂水珠，管尖是否有气泡，是否有液滴。

②读数时，滴定管可以夹在滴定管架上，也可以将滴定管从架上取下，捏住管上端无刻度处。不管哪一种方法，都应使滴定管保持垂直，操作者视线与零刻度线或弯月面水平。读数必须精确至0.01 mL，及时做好记录。

③对于无色或浅色溶液，读数时视线应与管内溶液弯月面下缘实线的最低点相切，如图3-15（a）所示。初学者练习读数时，可在滴定管后衬一张黑白两色的读数卡，将卡片紧贴滴定管，黑色部分在弯月面下约1 mm处，即可看到弯月面反射层呈黑色，如图3-15（b）所示。对于深色溶液（如高锰酸钾溶液），读数时视线应与液面两侧最高点相切，如图3-15（c）所示。对于"蓝带"滴定管，应读取其中间的弯月面三角交叉点所对应的刻度值，如图3-15（d）所示。

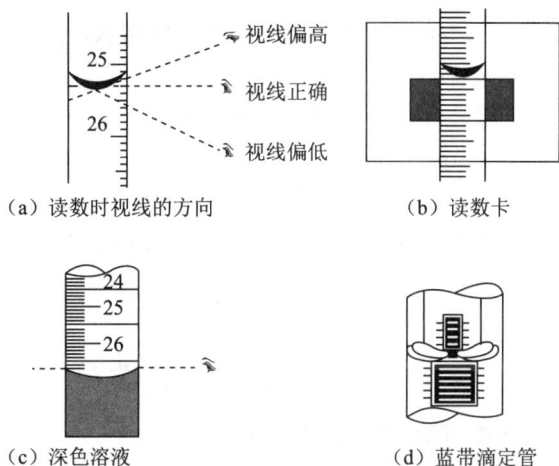

（a）读数时视线的方向　　　　　　　（b）读数卡

（c）深色溶液　　　　　　　　　（d）蓝带滴定管

图3-15　滴定管的读数示意图（江施云绘制）

3. 注意事项

①最好每次滴定都从0.00 mL附近开始，且使溶液消耗的体积相近，这样可减小测量误差。

②使用酸管滴定时，左手不能离开旋塞，而让溶液自流。摇瓶时，应微动手腕，使溶液向同一方向旋转，速度适当。同时，不要让瓶口碰到滴定管尖嘴。

③滴定时，应注意观察溶液滴落点周围颜色的变化。不要去看滴定管内溶液的位置变化，而不顾终点指示反应的变化。

④滴定时应控制好滴定速度。刚开始滴定时可稍快，滴定速度呈"见滴成线"，即每秒3~4滴；接近终点时，滴定速度应减慢，要一滴一滴地滴，每加入一滴，摇几下，并用洗瓶吹入少量蒸馏水冲洗锥形瓶内壁，然后再摇动锥形瓶；最后，应半滴半滴地加入溶液，其操作方法：小心控制滴定管的旋塞或玻璃珠部位，使溶液悬挂在滴定管尖嘴外而形成液滴，然后将液滴靠落在锥形瓶内壁上，再用少量蒸馏水吹洗，使附于瓶壁上的溶液洗至瓶中，直至准确达到滴定终点。

⑤如果在烧杯中进行滴定时，将烧杯放在白瓷板上，调节滴定管的高度，使滴定管下端伸入烧杯内1 cm左右。滴定管下端位于烧杯中心的左后方，但不要靠壁过近。右手持玻璃棒在烧杯右前方搅拌溶液，玻璃棒应以圆周的形式搅拌。

⑥滴定结束后,滴定管剩余的溶液应弃去,不得倒回原瓶。随即洗净滴定管,再用蒸馏水淋洗,倒挂在滴定架上。

思政花园:滴定管使用前后的洗涤操作非常重要:使用前要清洗滴定管以避免残留物影响实验结果;使用后要及时清洗以防止对下次实验产生影响。同学们要有良好的实验习惯和对实验设备的爱护意识,这也反映出在实验过程中的一种责任感——自己的行为不仅影响当前实验结果,也会对后续的实验使用者产生影响。

▶ **任务实施**

1. 用 HCl 溶液滴定 NaOH 溶液

(1)仪器设备

锥形瓶(250 mL)、酸式滴定管(50 mL)、移液管(20 mL)。

(2)材料和试剂

甲基橙(0.1%水溶液)、0.1 mol/L HCl 溶液、NaOH 溶液。

(3)操作步骤

①准备:先对酸式滴定管进行检漏、润洗,再将 0.1 mol/L HCl 溶液装入酸式滴定管中,排除气泡,将液面调节至 0.00 mL 刻度处。

②滴定:准确移取 20.00 mL NaOH 溶液至锥形瓶中,加入 1～2 滴甲基橙指示剂,以 0.1 mol/L HCl 滴定液滴定至溶液由黄色变成橙色,即为滴定终点。记录读数。平行测定 3 次。

(4)计算公式

$$c(NaOH) = \frac{c(HCl) \times V(HCl)}{V(NaOH)}$$

式中,$c(NaOH)$——氢氧化钠溶液的浓度,单位 mol/L;

$V(NaOH)$——氢氧化钠溶液的体积,单位 mL;

$c(HCl)$——盐酸的浓度,单位 mol/L;

$V(HCl)$——消耗的盐酸体积,单位 mL。

(5)数据记录

酸式滴定管操作数据记录见表 3-6。

表 3-6 酸式滴定管操作数据记录

滴定次数	第一次	第二次	第三次
取用 NaOH 溶液体积 V_{NaOH}/mL			
滴定管初始读数/mL			
滴定终点时滴定管读数/mL			
消耗 HCl 溶液体积 V_{HCl}/mL			
NaOH 溶液物质的量浓度 $c(NaOH)$/(mol/L)			
$\bar{c}(NaOH)$/(mol/L)			
绝对偏差			
相对平均偏差			

（6）评价表

酸式滴定管操作评价见表3-7。

表 3-7　酸式滴定管操作评价

项目	考核内容	分值	得分
酸式滴定管操作	正确检漏	5	
	摇匀溶液后再装滴液	5	
	润洗规范	5	
	装液后正确赶气泡	5	
	调节刻度前液面高于刻度线	5	
	滴定前正确处理滴定管尖端残液	5	
	滴定操作规范	5	
	摇瓶操作规范	5	
	正确控制滴定速率	5	
	终点判断正确	5	
	滴定过程无溅失溶液	5	
	滴定结束后正确处理滴定管尖端残液	5	
	读数正确	5	
数据记录及计算	记录填写完整、规范	5	
	计算正确	10	
	精密度	5	
其他	实验台面清理	5	
	按时完成	5	
	废液按照要求进行处理	5	
合计			

2. 用 NaOH 溶液滴定 HAc 溶液

（1）**仪器设备**

锥形瓶（250 mL）、碱式滴定管（50 mL）、移液管（25 mL）。

（2）**材料和试剂**

酚酞（0.2%乙醇溶液）、HAc 溶液、0.1 mol/L NaOH 溶液。

（3）**操作步骤**

①准备：先对碱式滴定管进行检漏、润洗，再将 0.1 mol/L NaOH 溶液装入碱式滴定管中，排除气泡，将液面调节至 0.00 mL 刻度处。

②滴定：准确移取 25.00 mL HAc 溶液至锥形瓶中，加入 2～3 滴酚酞指示剂，以 0.1 mol/L NaOH 滴定液滴定至溶液由无色变为微红色并保持 30 s 不褪色，即为滴定终点。记录读数。平行测定 3 次。

（4）计算公式

$$c(HAc) = \frac{c(NaOH) \times V(NaOH)}{V(HAc)}$$

式中，$c(NaOH)$——氢氧化钠溶液的浓度，单位 mol/L；

$V(NaOH)$——消耗的氢氧化钠溶液的体积，单位 mL；

$c(HAc)$——醋酸的浓度，单位 mol/L；

$V(HAc)$——醋酸的体积，单位 mL。

（5）数据记录

碱式滴定管操作数据记录见表 3-8。

表 3-8　碱式滴定管操作数据记录

滴定次数	第一次	第二次	第三次
取用 HAc 溶液体积 V_{HAc}/mL			
滴定管初始读数/mL			
滴定终点时滴定管读数/mL			
消耗 NaOH 溶液体积 V_{NaOH}/mL			
HAc 溶液物质的量浓度 $c(HAc)$/(mol/L)			
$\bar{c}(HAc)$/(mol/L)			
绝对偏差			
相对平均偏差			

（6）评价表

碱式滴定管操作评价见表 3-9。

表 3-9　碱式滴定管操作评价

项目	考核内容	分值	得分
碱式滴定管操作	正确检漏	5	
	摇匀溶液后再装滴液	5	
	润洗规范	5	
	装液后正确赶气泡	5	
	调节刻度前液面高于刻度线	5	
	滴定前正确处理滴定管尖端残液	5	
	滴定操作规范	5	
	摇瓶操作规范	5	
	正确控制滴定速率	5	
	终点判断正确	5	
	滴定过程无溅失溶液	5	
	滴定结束后正确处理滴定管尖端残液	5	
	读数正确	5	

续表

项目	考核内容	分值	得分
数据记录及计算	记录填写完整、规范	5	
	计算正确	10	
	精密度	5	
其他	实验台面清理	5	
	按时完成	5	
	废液按照要求进行处理	5	
合计			

▶▶ **任务拓展**

①通过查找相关资料,了解微量滴定管的操作步骤和注意事项,从而掌握微量滴定管的使用方法,达到举一反三的目的。

②通过学习并查阅相关资料,整理完成滴定管的使用步骤和操作要求,达到正确使用滴定管的目的。

③话题讨论:滴定过程中,如何减少误差?

▶▶ **知识拓展**

滴定管在使用过程中的故障及其处理方法,见表3-10。

表 3-10　滴定管常见故障分析

常见故障	故障原因	排除方法
活塞卡住或转动不灵活	①清洗不彻底,化学药品残留 ②油污附着,长时间不使用或保养不当 ③润滑油过多或不足	①将滴定管及活塞的残留化学药品彻底清洗干净,可以用适当的溶剂(如乙醇)进行清洗 ②定期进行清洗和润滑,保持活塞与滴定管的表面清洁和润滑 ③调整润滑油的用量,确保适量且均匀涂抹
气泡无法排除	①滴定管中混入空气 ②活塞密封不严,导致空气进入	①对于酸式滴定管,可保留半管左右的溶液,一手握住管的中部,一手握住活塞,斜向做一个冲击动作,同时快速打开活塞,靠惯性使少量液体和气泡一起冲出 ②对于碱式滴定管,可将橡皮管向上弯曲,用两指挤压稍高于玻璃珠的位置,使溶液从出口喷出,气泡即随之被排出 ③确保活塞密封良好,如有损坏应及时更换
滴定管刻度不准确	①滴定管制造或校正时的误差 ②长时间使用导致刻度磨损	①使用前进行校正,确保滴定管的刻度准确 ②如发现刻度磨损严重,应及时更换滴定管

续表

常见故障	故障原因	排除方法
滴定管泄漏	①活塞密封不严 ②滴定管玻璃破损	①检查活塞密封情况,如有松动或损坏应及时更换 ②检查滴定管玻璃是否破损,如有破损应立即更换
凡士林堵塞管口	凡士林涂抹过多或不当	①先用脱脂棉将旋塞上的凡士林擦干净,再用棉签或用牙签裹少量脱脂棉将小孔疏通 ②将与旋塞咬合的面擦干净后,重新涂布一层薄薄的凡士林

▶▶ **自主学习资源库**

①https://www.foodmate.net/

②GB/T 12805－2011 《实验室玻璃仪器 滴定管》

任务4 过滤、蒸馏和萃取

学习目标

知识目标

①了解过滤、蒸馏和萃取的定义和主要用途。

②理解过滤、蒸馏和萃取装置结构。

③掌握普通漏斗、分液漏斗的操作方法。

④掌握蒸馏法分离混合物的操作方法。

技能目标

①能规范进行常压过滤操作。

②能规范操作抽滤装置。

③能规范完成萃取和分液操作。

④能规范完成蒸馏操作。

素质目标

①培养学生严谨规范、耐心细心的检测岗位工作作风。

②培养学生形成认真负责、诚实守信的工作态度。

③提高学生分析问题和解决问题的能力。

④培养学生精益求精、追求卓越的职业精神。

⑤培养学生爱劳动、会劳动的意识,保持实验过程整洁、干净的职业素养。

⑥培养学生在检测过程中按照标准进行检验的能力,具备客观、公正的职业操守。

⑦培养学生的食品检测行业质量意识、环保意识、安全意识。

任务4.1 过滤的操作

任务描述

过滤是进行固、液分离常用的操作方法,一般分为常压过滤、减压过滤、热过滤。本任务中,学生主要学习常压过滤、减压过滤的操作步骤。通过本任务的学习,学生能规范完成样品的过滤,提高化学分析的基础操作技能。

知识准备

1.过滤装置

(1)常压过滤

又称为用滤纸过滤,所用的滤器是贴有滤纸的漏斗,漏斗应选用内角60°、颈口倾斜角度为45°的长颈漏斗,如图4-1所示。

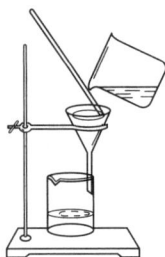

图 4-1　常压过滤装置示意图(江施云绘制)

（2）减压过滤

减压过滤的原理是水泵有一狭窄口,当水急剧流经这一狭窄口时,空气即被水带出而使吸滤瓶内的压力减小,让布氏漏斗内的液面与瓶之间产生压力差,从而提高过滤速度。安全瓶的作用是防止水泵中的水倒流入吸滤瓶,如图 4-2 所示。相较于常压过滤,减压过滤不仅可以加快过滤速度,还可以把沉淀抽吸得比较干燥。但此法不适合于过滤胶状沉淀和颗粒太小的沉淀。

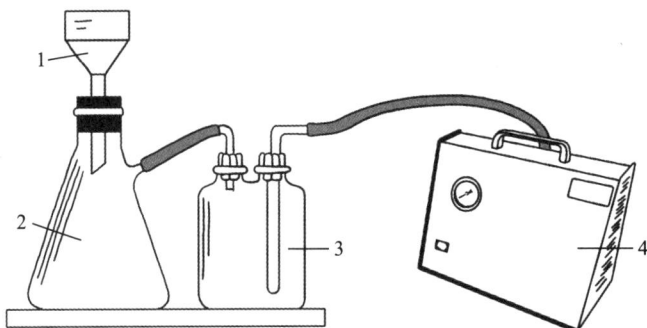

1—布氏漏斗；2—吸滤瓶；3—安全瓶；4—真空泵。
图 4-2　减压过滤装置示意图(江施云绘制)

2. 常压过滤的操作步骤

（1）选择滤纸和漏斗

滤纸分为定性滤纸和定量滤纸,滤纸的致密程度要与沉淀的性质相适应,沉淀越细,所选用的滤纸就要越致密。漏斗的大小与滤纸的大小相适应。

（2）折叠并安放滤纸

把滤纸对折两次。为保证滤纸与漏斗密合,第二次对折时,不要把两角对齐,将一角向外错开一点,并且不要折死,这时将圆锥体滤纸打开,放入洁净干燥的漏斗中(如图 4-3 所示)。如果滤纸和漏斗的上边缘不十分密合,可以稍稍改变滤纸的折叠程度,直到与漏斗密合后再用手轻按滤纸,把第二次的折边折死。所得的圆锥体滤纸半边为三层,另半边为一层,为使滤纸贴紧漏斗壁,将三层这半边的外层撕掉一个角,将折好的滤纸放入漏斗,三层的一边放在漏斗出口短的一边。用玻璃棒按住三层的一边,用洗瓶吹水或洗涤液将滤纸湿润,然后轻轻按压滤纸,使滤纸的锥体紧贴漏斗壁上。此时,漏斗与滤纸应当密合,其间不应留有气泡,滤纸的边缘应低于漏斗边 5~10 mm。

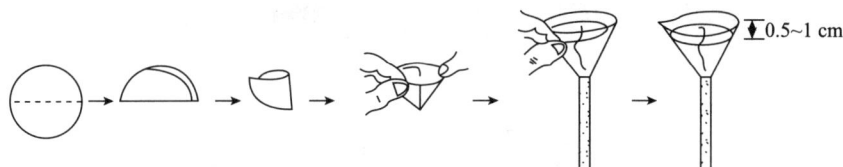

图 4-3　滤纸的折叠与安放操作示意图(江施云绘制)

（3）过滤和洗涤

①安放:将准备好的漏斗放在漏斗架上,下面放一干净的烧杯盛接滤液,漏斗出口长的一边紧靠杯壁。

②倾斜法过滤:右手拿起烧杯置于漏斗上方,左手轻轻地从烧杯中取出玻璃棒并紧贴烧杯嘴,垂直竖立于滤纸三层部分的上方,尽可能地接近滤纸,但绝不能接触滤纸,慢慢将烧杯倾斜,尽量不要搅起沉淀,把上层清液沿玻璃棒倾入漏斗中,如图 4-4 所示。倾入漏斗的溶液,最多到滤纸边缘下 5～6 mm 的地方。当暂停倾注溶液时,将烧杯沿玻璃棒慢慢向上提起一点,同时扶正烧杯,等玻璃棒上的溶液流完后,将玻璃棒放回原烧杯中,切勿放在烧杯嘴处。在整个过滤过程中,玻璃棒不是放在原烧杯中,就是竖立在漏斗上方,以免试液损失,漏斗颈的下端不能接触滤液。

图 4-4　过滤操作示意图(江施云绘制)

③洗涤:每次加入少量蒸馏水或洗涤液冲洗杯壁,充分搅拌后,把烧杯放在桌上,待沉淀下沉后再倾注,如图 4-5 所示。如此重复洗涤数次。

图 4-5　洗涤操作示意图(江施云绘制)

3. 抽滤的操作步骤

（1）准备工作

根据实验需求选择合适的滤膜,如图 4-6 所示安装抽滤装置。

57

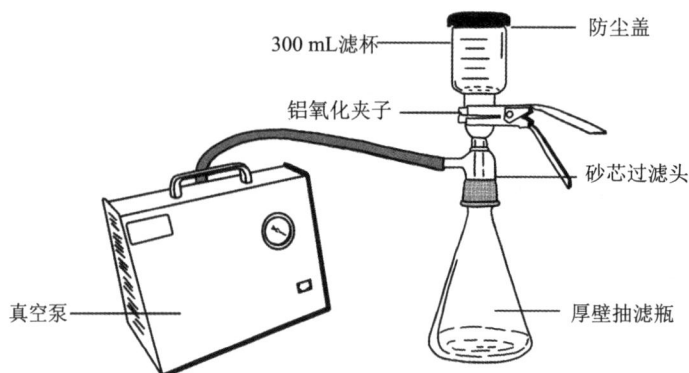

图 4-6　抽滤装置示意图(江施云绘制)

(2)抽滤操作

①装液:将待过滤的液体缓慢倒入过滤杯中,注意避免液体溅出或倒入过快导致滤膜破裂。

②开泵:确认装置的气密性后,打开抽气泵,观察压力。

③过滤:随着抽气泵的运行,液体将通过滤膜被抽入抽滤瓶中。

(3)结束与清洗

①关泵:当过滤完毕后,关闭抽气泵并断开连接管。

②拆卸装置:将抽滤瓶中过滤后的液体倒出。

③清洗装置:使用适当的清洗剂和水清洗装置的所有部件,将部件晾干并妥善保存。

▶▶ 任务实施

1.过滤对乙酰氨基酚溶液

(1)仪器设备

研钵、烧杯(200 mL)、量筒(50 mL)、容量瓶(250 mL)、玻璃棒、长颈漏斗、漏斗架、乳胶手套。

(2)材料和试剂

对乙酰氨基酚片、0.4%氢氧化钠溶液、蒸馏水、滤纸。

(3)操作步骤

①研磨:取对乙酰氨基酚片 1 片,研磨成均匀的粉末。

②溶解:将对乙酰氨基酚粉末倒入烧杯中,加入 50 mL 0.4%氢氧化钠溶液和 50 mL 水溶解。

③配制:将溶解好的对乙酰氨基酚溶液转移至 250 mL 容量瓶中,用少量蒸馏水分三次清洗烧杯和玻璃棒,洗液并入容量瓶中,振摇容量瓶 15 min 后加水稀释定容至刻度。

④过滤:安装过滤装置,折叠并安放滤纸、润湿滤纸,将配制好的对乙酰氨基酚溶液过滤至烧杯中。

(4)评价表

溶液过滤操作评价见表 4-1。

表 4-1 溶液过滤操作评价

项目	考核标准	分值	得分
研钵的使用	将对乙酰氨基酚样品研磨成均匀的粉末状	10	
容量瓶的使用	正确使用容量瓶完成对乙酰氨基酚的溶解、转移和定容	10	
过滤的操作	将滤纸对折两次,拨开一层成圆锥形,一面是三层,一面是一层	10	
	正确润湿滤纸,让滤纸与漏斗贴合紧密	10	
	滤纸三层的一面对应漏斗颈末端短的一边	5	
	滤纸边缘应低于漏斗边缘 5~10 mm	5	
	漏斗管末端长的一边紧靠烧杯内壁	5	
	玻璃棒下端对着三层滤纸的一边	5	
	倾入漏斗中的溶液液面应低于滤纸边缘约 5 mm	5	
	承接烧杯的液面应低于漏斗管的末端	5	
	暂停过滤时,将烧杯沿玻璃棒慢慢向上提起一点,同时扶正烧杯,等玻璃棒上的溶液流完后,将玻璃棒放回原烧杯中	10	
其他	无液体溅出或无漏液在桌面	10	
	按时完成,实验台面清理	10	
合计			

2. 抽滤磷酸盐缓冲液

(1)仪器设备

抽滤装置、水系滤膜($0.45~\mu m$)、烧杯(250 mL)、玻璃棒。

(2)材料和试剂

去离子水、磷酸盐缓冲液。

(3)实验步骤

①安装抽滤装置。

②润湿滤膜:用少量去离子水润湿滤膜。

③过滤:将磷酸盐缓冲液倒入滤杯中,打开抽气泵,开始抽滤。

④关机:当磷酸盐缓冲液完全过滤后,关闭真空泵,待压力降为0,取出接收容器中的滤液。

⑤清洗:用蒸馏水清洗过滤装置。

(4)评价表

缓冲液抽滤操作评价见表 4-2。

表 4-2 缓冲液抽滤操作评价

项目	考核标准	分值	得分
准备	正确选择并检查真空抽滤装置及其配件	10	
	正确安装抽滤装置,密封性良好	10	
抽滤过程	润湿滤膜	10	
	将磷酸缓冲液倒入滤杯中,避免液体溅出或倒入过快导致滤膜破裂	10	
	正确开启真空泵,调整适当的真空度	10	
	注意观察真空泵的压力,适时调整抽滤速度	10	
	先关闭抽气泵并断开连接管	10	
结束	拆卸装置,正确收集滤液	10	
	使用蒸馏水清洗装置的所有部件	10	
其他	无液体溅出或无漏液在桌面	5	
	按时完成,实验台面清理	5	
合计			

▶▶ **任务拓展**

①通过磷酸-三乙胺流动相的抽滤训练,延伸至有机膜抽滤的学习,达到举一反三的目的,掌握滤膜过滤法在流动相配制中的操作步骤。

②以蜂蜜水过滤的学习为例,掌握减压过滤的操作步骤。

▶▶ **知识拓展**

分析化学实验室中常用的滤纸分为定量滤纸(见表 4-3)和定性滤纸(见表 4-4)两种。滤纸按过滤速度和分离性能的不同,又分为快速、中速和慢速三类(见表 4-5)。

表 4-3 定量滤纸规格

项目	快速(白带)	中速(蓝带)	慢速(红带)
质量/(g/m^2)	75	75	80
过滤示范	氢氧化物	碳酸锌	硫酸钡
孔度	大	中	小
水分	≤7%	≤7%	≤7%
灰分	≤0.01%	≤0.01%	≤0.01%
含铁量	—	—	—
水溶性氧化物	—	—	—

数据来源:金谷,姚奇志,江万权.分析化学实验[M].2版.合肥:中国科学技术大学出版社,2020。

表 4-4 定性滤纸规格

项目	快速（白带）	中速（蓝带）	慢速（红带）
质量/(g/m²)	75	75	80
过滤示范	氢氧化物	碳酸锌	硫酸钡
水分	≤7%	≤7%	≤7%
灰分	≤0.15%	≤0.15%	≤0.15%
含铁量	≤0.003%	≤0.003%	≤0.003%
水溶性氧化物	≤0.02%	≤0.02%	≤0.02%

数据来源：金谷，姚奇志，江万权.分析化学实验[M].2版.合肥：中国科学技术大学出版社，2020。

表 4-5 快速、中速、慢速滤纸规格

指标名称	快速	中速	慢速
滤水 10 mL 所需时间/s	≤35	≤70	≤140
分离性能（沉淀物）	氢氧化铁	硫酸铅	硫酸钡

数据来源：金谷，姚奇志，江万权.分析化学实验[M].2版.合肥：中国科学技术大学出版社，2020。

▶▶ 自主学习资源库

①https://www.foodmate.net/
②GB/T 1914—2017 《化学分析滤纸》
③GB/T 28211—2011 《实验室玻璃仪器 过滤漏斗》

任务 4.2 萃取的操作

▶▶ 任务描述

萃取又称溶剂萃取或液液萃取，是用一种溶剂把物质从它与另一种溶剂所组成的溶液里提取出来的操作。本任务中，学生主要学习萃取的原理和操作步骤。通过本任务的学习，学生能规范完成萃取的操作，提高化学分析的基础操作技能。

▶▶ 知识准备

1. 原理

利用化合物在两种互不相溶（或微溶）的溶剂中溶解度或分配系数的不同，使化合物从一种溶剂（原料液）内转移到另外一种溶剂（萃取剂）中。被萃取的物质在萃取剂中的溶解度越大，则萃取效率越高。萃取剂的选择条件：萃取剂与原溶剂不互溶，萃取剂与原混合物不反应，溶质在萃取剂中有较大的溶解度，挥发性及毒性要小，具有一定的化学稳定性。常见的萃取剂有苯、四氯化碳、酒精等。

2. 萃取装置

选择一个比萃取溶液体积大 1～2 倍的分液漏斗，根据斗体的形状不同分为球形、梨形、筒形等。将分液漏斗置于固定在铁架台上的铁圈中或漏斗架上，在其下面放一清洁、干燥的烧杯,并使漏斗末端的脚口与烧杯壁紧贴,如图 4-7 所示。

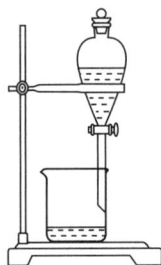

图 4-7　萃取装置示意图(江施云绘制)

3.操作步骤

(1)检漏

检查上口的瓶塞和漏斗颈活塞(简称下活塞)是否漏液。方法:关闭下活塞,从上口向分液漏斗中加蒸馏水至 1/3 处左右,观察下活塞是否漏水;若无漏水,盖紧瓶塞,倒置漏斗,观察瓶塞是否漏水;若无漏水,正置漏斗,将瓶塞打开,旋转 180°盖紧,倒置漏斗,观察是否漏水。

(2)装液

将被萃取溶液和萃取剂分别由分液漏斗的上口倒入,盖好瓶塞。

(3)振荡

取下分液漏斗,用右手按住漏斗的瓶塞,左手握住漏斗下活塞,倾斜倒置,如图 4-8 所示。振荡分液漏斗,使两相液层充分接触,液体混为乳浊液;振荡时用力要大,同时要防止液体泄漏。

图 4-8　分液漏斗振荡操作示意图(江施云绘制)

(4)放气

振荡数次后,让分液漏斗仍保持倾斜状态,旋开下活塞,朝无人处放出因振荡而产生的过量气体,以减小分液漏斗内的压力,使内外压力平衡,如图 4-9 所示。放气后,关闭下活塞,继续振荡,如此重复操作。

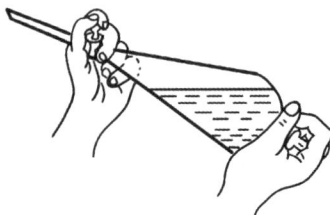

图 4-9　分液漏斗放气操作示意图(江施云绘制)

(5)静置

将分液漏斗静置于铁圈上或漏斗架上。一般情况须静置 10 min 左右,较难分层的溶液须静置更长时间。

（6）分层

当溶液分层清晰后，先打开漏斗的瓶塞，再缓缓旋开下活塞，使下层的水溶液慢慢流入烧杯中，上层溶液从上口倒出。

思政花园：当使用分液漏斗进行萃取实验时，往往涉及有机溶剂的使用。例如，氯仿、二氯甲烷等具有挥发性和毒性，如果随意排放会污染环境。同学们要思考如何在实验过程中减少有机溶剂的使用量、如何进行合理的回收和处理等，要明白化学实验与环境保护息息相关。在分析化学实验过程中要践行绿色化学的理念，树立环保意识和安全意识。

▶▶ **任务实施**

完成用四氯化碳萃取碘的任务。

1. 仪器和设备

烧杯（100 mL、250 mL）、量筒（20 mL）、分液漏斗（125 mL）、吸量管（5 mL）、铁架台（带铁圈）或漏斗架。

2. 材料和试剂

饱和碘水、四氯化碳。

3. 操作步骤

①对分液漏斗进行检漏，将检漏好的漏斗置于铁台架或漏斗架上。

②关闭下活塞，用量筒量取 10 mL 饱和碘水，倒入分液漏斗，然后吸取 4 mL 四氯化碳至分液漏斗中，盖好瓶塞。

③用右手压住分液漏斗上端的瓶塞，左手握住漏斗下端的活塞，把分液漏斗倒转过来振荡，使两种液体充分接触，振荡过程要及时放气。剧烈振荡 2 min。

④将分液漏斗放在铁架台或漏斗架上，静置后四氯化碳层变紫色，水层黄色变浅。

⑤待液体分层后，将分液漏斗的瓶塞打开，再将分液漏斗下活塞拧开，使下层液体慢慢沿烧杯壁流出，上层溶液从上口倒出。

4. 评价表

萃取操作评价见表4-6。

表4-6 萃取操作评价

项目	考核标准	分值	得分
准备	选择合适的分液漏斗和收集溶液的烧杯	5	
	检查分液漏斗，盖塞、活塞应配套	5	
	正确使用润滑脂，安装活塞，使其不漏液，不堵塞	5	
装液	铁环固定于铁架台上，漏斗放在铁环上，调整高度	5	
	从漏斗上口装入溶液和萃取剂	5	
振荡	盖紧盖塞	5	
	右手紧握分液漏斗颈部，并顶住盖塞，左手握住活塞部分，上下振摇	15	
	振摇中须将漏斗向上倾斜，打开活塞，（朝向无人处）排放出可能产生的气体	10	
	正确控制振荡次数和放气次数	10	

续表

项目	考核标准	分值	得分
分液	静置后,待漏斗中溶液层完全分开	5	
	打开盖塞,开启活塞,使下层液体缓慢流出	5	
	上层液体从漏斗上口倒出	5	
其他	物品正确归位,台面干净整洁	5	
	爱护仪器	5	
	无液体溅出或无漏液在桌面	5	
	按时完成,实验台面清理	5	
合计			

▶▶ **任务拓展**

①以乙醚从醋酸溶液中萃取纯醋酸的项目为例,通过训练,进一步巩固分液漏斗的使用方法。

②通过学习并查阅相关资料,整理完成分液漏斗的使用步骤和操作要求,达到正确使用分液漏斗的目的。

▶▶ **知识拓展**

1. 固相萃取

固相萃取是一种将目标物质吸附在固体材料上,然后通过洗脱的方式将目标物质从固相材料中释放出来的技术。固相萃取的原理是固体材料与目标物质之间的亲和性。常用的固相材料包括活性炭、聚合物、硅胶等。固相萃取的步骤包括固相材料填充、样品吸附、洗脱和浓缩等。通过调整固相材料的性质和样品的 pH、离子强度等条件,可以实现对目标物质的高效萃取。

2. 连续萃取

连续萃取装置是一种用于分离和提纯物质的设备,它利用了萃取剂和混合物之间的化学亲和力差异,通过连续流动的方式实现有效成分的提取。连续萃取装置主要包括加热蒸发容器、萃取容器、导流柱、冷凝管、接液管、三头连接管和加热器等组成部分。工作时,加热蒸发容器用于容纳萃取剂,加热器用于加热萃取剂使其蒸发后进入冷凝管中冷凝。导流柱中设有导流结构,用于将冷凝后的萃取剂引流至接液管的顶部敞口中,接液管的底部出口伸入离子液体内,从而实现连续的萃取过程。

3. 超临界流体萃取

超临界流体萃取是一种利用超临界流体提取目标物质的技术。超临界流体是指温度和压力高于临界点时气体与液体之间的临界态。超临界流体萃取具有高效、环保、可控性好等优点。超临界流体的选择是超临界流体萃取的关键。常用的超临界流体包括二氧化碳、乙烷、乙醇等。超临界流体萃取的步骤包括样品的装填、超临界流体的通入、目标物质的萃取、超临界流体的回收等。通过调整温度、压力、流速等条件,可以实现对目标物质的高效分离。

▶▶ **自主学习资源库**

①https://www.foodmate.net/

②QB/T 2110—2024　《实验室玻璃仪器　分液漏斗和滴液漏斗》

任务 4.3　蒸馏的操作

▶ **任务描述**

蒸馏就是将液态物质加热到沸腾,使其变成蒸气,再将蒸气冷却重新变为液体的过程,是蒸发和冷凝两种单元操作的联合。蒸馏分为常压蒸馏、减压蒸馏、水蒸气蒸馏、分馏等。本任务中,学生主要学习蒸馏装置和常压蒸馏的操作步骤。通过本任务的学习,学生能规范完成常压蒸馏,提高化学分析的基础操作技能。

▶▶ **知识准备**

1. 蒸馏装置

(1)常压蒸馏

常压蒸馏是在接近大气压的压力下完成蒸馏过程,如图 4-10 所示。当被蒸馏的物质受热后不发生分解或沸点不太高时,可在常压下进行蒸馏。根据被蒸馏物质的沸点和特性,可选择水浴、油浴、电热套加热或直接加热等加热方式。

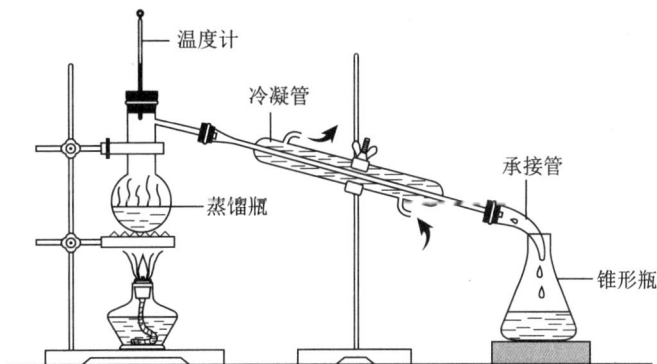

图 4-10　常压蒸馏装置示意图(江施云绘制)

(2)减压蒸馏

减压蒸馏是在低于大气压的条件下进行蒸馏,如图 4-11 所示。适用于高沸点物质或那些在常压下蒸馏时容易分解、氧化、聚合的蒸馏物质。

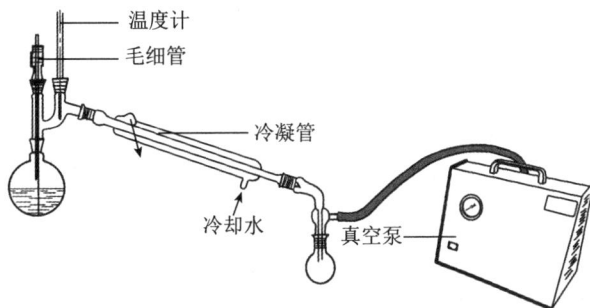

图 4-11　减压蒸馏装置示意图(江施云绘制)

（3）水蒸气蒸馏

水蒸气蒸馏是用水蒸气加热混合液体,使具有一定挥发度的被测组分与水蒸气按分压比例从溶液中一起蒸馏出来,如图 4-12 所示。水蒸气蒸馏适用某些沸点较高的物质,直接加热时,容易因受热不均引起局部炭化;某些被测成分加热到沸点时,容易分解。

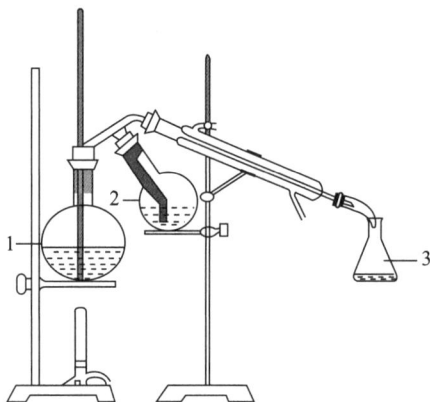

1—蒸气发生器;2—样品瓶;3—接受瓶。

图 4-12　水蒸气蒸馏装置示意图(江施云绘制)

（4）分馏

分馏是利用沸点差异分离沸点相近的混合物,是将液体混合物在一个设备内进行多次部分汽化和部分冷凝,将液体混合物分离为各组分的蒸馏过程。当需要分离的两种或两种以上互溶组分的沸点非常接近时,适合用分馏的方法进行分离。

2. 常压蒸馏的操作步骤

（1）安装

按照自下而上、从左至右的原则进行安装,装置安装好后,需要检查装置的气密性。

（2）加料

①将待蒸馏液小心加入蒸馏瓶中。注意液体加入量应为烧瓶容量的 $1/2 \sim 2/3$,超过此量,在蒸馏液沸腾时溶液雾滴有可能被蒸气带至接受系统,而且沸腾剧烈的液体容易冲出。

②加入数粒止暴剂(助沸剂),如素烧瓷片、沸石或一端封闭的毛细管等,以防止加热蒸馏时因过热而出现暴沸现象。

③将配有温度计的塞子塞入蒸馏瓶。

（3）加热

①先由冷凝管下口缓缓地通入冷水,再把上口流出的水引入水槽中。

②加热,最初宜用小火,以免蒸馏烧瓶因局部过热而破裂。

③慢慢增大火力,使烧瓶内的液体逐渐沸腾,蒸气徐徐上升。

（4）收集馏液

①当蒸气上升到温度计水银球处时,应调节加热源,使馏出液的馏出速度稳定在每秒 $1 \sim 2$ 滴。

②蒸馏前至少应准备两个接受器,因为在达到需要物质的沸点之前,常有沸点较低的液体先蒸出,这部分馏液称为"前馏分",要弃去。

③前馏分蒸完,温度趋于稳定后,蒸馏出的就是较纯的物质,这时应更换一个洁净而干燥的接受器接收蒸馏液。记下这部分液体开始馏出时和最后一滴流出时的温度,即为该馏分的沸程。

④蒸馏至加热温度稳定,不再有液体馏出,停止加热,结束蒸馏。

（5）蒸馏结束

①蒸馏结束时应先停止加热,待液体停止沸腾、没有蒸气产生时再停止通水。

②无液体馏出时,拆卸仪器,仪器的拆卸顺序与安装时相反。

③将拆下的仪器洗净、干燥,以备下次再用。

3. 常压蒸馏过程中的注意事项

①蒸馏液体有机物时,应当选用间接加热。

②液体的沸点在 85 ℃以下,可以用水浴或水蒸气浴;液体的沸点在 85～200 ℃之间,可以用油浴;沸点超过 200 ℃时,可选择砂浴或其他热浴。

③蒸馏烧瓶在加热浴中应浸入至接近蒸馏液面;烧瓶底部与加热浴底部应保持一定的距离。测量加热浴温度的温度计水银球应浸于加热浴介质的一半深度处。加热浴的温度必须高于蒸馏液的沸点,但一般不能比蒸馏液沸点高出 30 ℃,否则,会因蒸馏速度太快,导致烧瓶炸裂,甚至引起燃烧、爆炸等事故;同时,蒸馏物也因过热而发生分解。

④沸点在 70 ℃以下时,冷水通过冷凝管的速度要快;沸点在 100 ℃上下时,通过冷凝管的水流中等;沸点在 100～120 ℃时,通过冷凝管的水流应减慢;沸点在 120～150 ℃时,通过冷凝管的水流应很慢;沸点接近 150 ℃时,可改用空气冷凝管。

思政花园:蒸馏实验中要特别注意实验安全,如果操作不当可能会导致玻璃仪器破裂、化学试剂泄漏等危险情况。同学们要树立安全意识,在任何工作和生活场景中都要重视安全,保障自己和他人的生命和财产安全。

▶▶ **任务实施**

完成蒸馏工业乙醇的任务

1. 仪器设备

量筒(100 mL)、温度计、蒸馏装置。

2. 材料和试剂

工业乙醇、水、沸石。

3. 操作步骤

①安装好蒸馏装置,检查气密性。

②在蒸馏烧瓶中,倒入 80 mL 工业乙醇,再在烧瓶中投入 1～2 粒沸石。

③往冷凝器中通入冷却水,再开始加热蒸馏。

④控制温度,使得蒸馏产物以每秒 1～2 滴为宜。

⑤蒸馏结束时应先停止加热,待液体停止沸腾、没有蒸气产生时再停止通水。等到无液体馏出时,拆卸仪器,洗净、干燥,以备下次再用。

4. 数据记录

蒸馏操作数据记录见表 4-7。

表 4-7 蒸馏操作数据记录

测定节点	馏分第一滴时	馏分最后一滴时
温度/℃		
沸程/℃		
蒸馏出的乙醇体积/mL		
工业乙醇总量/mL		
产率＝蒸馏出的乙醇体积/工业乙醇总量×100%		

5. 评价表

蒸馏操作评价见表 4-8。

表 4-8 蒸馏操作评价

项目	考核标准	分值	得分
装置安装	按顺序正确安装蒸馏装置,整套装置应严密、稳固	10	
	检查装置的气密性	5	
加料	将待蒸馏液通过玻璃漏斗小心加入蒸馏瓶中,加入量应为烧瓶容量的1/2～2/3,加入数量适宜的止暴剂	10	
蒸馏	正确设置温度	10	
	先通冷却水,再进行加热	10	
	适时调节分馏速度,保证稳定的蒸馏速率	10	
	前馏液须弃去	5	
	蒸馏结束时应先停止加热	10	
	无液体馏出时,拆卸仪器	10	
数据记录	原始数据记录及时、准确、规范	10	
其他	无液体溅出或无漏液在桌面	5	
	按时完成,实验台面清理	5	
合计			

➤➤ **任务拓展**

①通过查找相关资料,了解减压蒸馏和水蒸气蒸馏在食品检测中的应用,延伸至减压蒸馏和水蒸气蒸馏操作的学习,达到举一反三的目的。

②梳理总结常压蒸馏、减压蒸馏和水蒸气蒸馏的适用范围,掌握蒸馏的操作方法。

➤➤ **知识拓展**

1. 沸石的作用

加入沸石是起助沸作用,防止暴沸。因为沸石表面均有微孔,内有空气,所以其可起助沸作用。止沸原理:沸石为多孔性物质,它在溶液中受热时会产生一股稳定而细小的空气泡流,这一泡流以及随之而产生的湍动,能使液体中的大气泡破裂,成为液体分子的汽化中心,从而使液体平稳地沸腾,防止了液体因过热而产生的暴沸。不能将沸石加至将近沸腾的液体中,那样溶液猛烈暴沸,液体易冲出瓶口;若是易燃液体,还会引起火灾。要等沸腾的液体冷下来再加。用过的沸石一般不能再继续使用,因为它的微孔中已充满或留有杂质,孔径变小或堵塞,再加热已不能产生细小的空气流而失效,不能再起助沸作用。

2. 分子蒸馏

分子蒸馏是一种在高真空度下进行液液分离操作的连续蒸馏过程。在高真空度条件下,由于分子蒸馏器的加热面和冷凝面之间距离小于或等于被分离物料的分子平均自由程,当分子从加热面上形成的液膜表面上进行蒸发时,分子间相互发生碰撞,无阻拦地向冷凝面运动并在冷凝面上冷凝,从而达到分离目的。分子蒸馏是在待分离组分远低于常压沸点的温度下挥发的,并且各组分在受热情况下停留时间短,非常适合于分离高沸点、高黏度、热敏性的天然产物。分子蒸馏技术因能够实现远离沸点下的操作,又具备蒸馏压强低、受热时间短、分离程度高等特点,能大大降低高沸点物料的分离成本,极好地保护热敏性物质的品质。

分子蒸馏的过程可以分为三个阶段:进料阶段、蒸馏阶段和冷凝阶段。在进料阶段,混合物被加热并蒸发成气态;在蒸馏阶段,气态混合物经过一个或多个蒸馏塔进行分离,每个蒸馏塔都包含一个填料层,用于增加气液接触面积,提高分离效率;在冷凝阶段,气态混合物被冷却并凝结成液态,从而实现不同物质的分离。

分子蒸馏是一种节能的分离技术,广泛应用于化工、制药、食品、环保等领域。随着科学技术的不断发展,分子蒸馏技术也将得到进一步的改进和完善,为人类的生活和生产带来更多的便利和效益。

▶▶**自主学习资源库**

①https://www.foodmate.net/
②GB/T 22362—2023　《实验室玻璃仪器　烧瓶》
③GB/T 28212—2011　《实验室玻璃仪器　冷凝管》
④GB/T 8929—2006　《原油水含量的测定　蒸馏法》

项目2

化学实验室常用设备

任务5 称量类仪器的使用

📝 学习目标

▶ **知识目标**

①了解电子天平、托盘天平的结构。

②掌握电子天平、托盘天平的使用方法。

▶ **技能目标**

①能用直接称量法、固定质量称量法和减量法规范完成称量的操作。

②能规范使用托盘天平进行离心管的配平。

③能准确读取数值并记录称量结果。

④能规范填写仪器使用记录本。

▶ **素质目标**

①培养学生严谨规范、耐心细心的检测岗位工作作风。

②培养学生形成认真负责、诚实守信的工作态度。

③提高学生分析问题和解决问题的能力。

④培养学生精益求精、追求卓越的职业精神。

⑤培养学生爱劳动、会劳动的意识，保持实验过程整洁、干净的职业素养。

任务5.1 电子天平的使用

▶ **任务描述**

天平是一种衡器，是衡量物体质量的仪器，一般把用电磁力平衡被称物体重力的天平称为电子天平。本任务中，学生主要学习电子天平的原理和使用方法。通过本任务的学习，学生能规范操作电子天平，提高化学分析的操作技能。

▶ **知识准备**

1. 原理

电子天平依据电磁力平衡原理，当把通电导线放在磁场中时，导线将产生磁力，且力的大小与流过线圈的电流强度成正比。如果物体的重力方向向下,电磁力方向向上,二者相平衡,那么通过导线的电流与被称物体的质量成正比。

思政花园:从早期简单天平到现代高精度电子天平的发展历程中,众多科学家不断克服技术难题,提高测量的精准度。电子天平的研发过程体现着科学家不断追求精确测量的科学精神。同学们要学习科学家勇于探索未知、精益求精的精神,在自己的学习和未来工作中追求卓越,不断提升科学素养。

2. 操作步骤

(1)称量前的准备

①取下天平罩,叠好。

②检查天平盘是否干净。

③调节平衡旋钮,使气泡位于水平仪中心。

④检查硅胶是否变色,若已变色则应及时更换。

⑤接通电源,至少预热 30 min。

(2)开机

关好天平门和窗,轻按开机键,等待显示面板出现 0.0000 g(或 0.00 g、0.000 g)。

(3)称量方法

①直接称量法:用于称量一些性质稳定无腐蚀性的固体试样。直接将被测物置于天平盘中央,关闭天平门,待稳定后读数,即为其重量。

②增量法:用于称量某一固定质量的试样。将干燥小烧杯轻放在天平盘上,关闭天平门,待显示平稳后,按去皮键清零,向小烧杯中加入试样;用左手手指轻击右手腕部,将药匙中样品慢慢振落于烧杯内,当达到所需质量时停止加样,关上天平门,显示平衡后即可记录所称取试样的质量。若加入量超出,则需重称试样,已用试样必须弃去,不能放回原瓶;操作中不能将试样撒落到容器以外的地方;称好的试样必须全部转入接收器中,如图5-1 所示。

③减量法:用于称量易挥发、易吸水、易氧化和易与二氧化碳反应的物质。用纸条夹取容器置于天平盘中,显示稳定后,按去皮键清零。之后用纸条夹取出容器,在接收器的上方倾斜瓶身,并用纸条夹住瓶盖,轻击瓶口使试样缓缓落入接收器中。当试样接近所需量时,继续用瓶盖轻击瓶口,同时将瓶身缓缓竖直,使黏于瓶口的试样落回瓶中,盖好瓶盖。将容器放回天平盘,此时显示的质量减少量即为试样质量。若敲出质量多于所需质量时,则需重新称量,已取出试样不能收回,须弃去,如图5-2 所示。

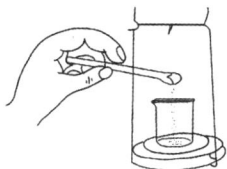

图 5-1　增量法操作示意图(江施云绘制)

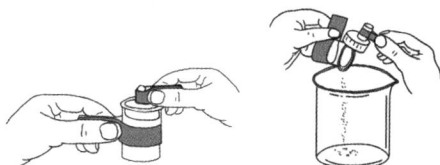

图 5-2　减量法操作示意图(江施云绘制)

(4)结束工作

称量结束,按置零键清零后,按关机键。清扫天平盘,罩好天平罩,关闭电源,填写天平使用记录本。

3. 电子天平的使用注意事项

①电子天平应置于稳定的工作台上,避免震动、气流和阳光直射。

②电子天平使用前,应按说明书的要求进行校正和预热。

③在开关门、放取称量物时,动作必须轻缓,切不可用力过猛或过快,以免造成天平损坏。

④对于过热或过冷的称量物,应使其回到室温后方可称量。

⑤称量物的总质量不能超过天平的称量范围。

⑥称量易挥发和具有腐蚀性的物品时,要盛放在密闭的容器内,以免腐蚀和损坏电子天平。

▶ **任务实施**

1. 称取 2.00 g 黄瓜泥

(1)仪器设备

电子天平(0.00 g)、药匙、离心管(50 mL)、烧杯(50 mL)。

(2)材料和试剂

黄瓜泥、滤纸、毛刷。

(3)操作步骤

①插电预热。

②调节水平。

③清扫天平。

④按开机键,等待天平进入待机状态。

⑤按置零键,显示 0.00 g。

⑥放置烧杯和离心管于天平盘上,按去皮键,使天平重新显示 0.00 g。

⑦使用药匙取适量黄瓜泥,小心加入离心管中,当读数接近 2.00 g 时,放慢添加速度。

⑧当天平读数(2.00±0.05)g 时,停止添加黄瓜泥。

⑨数值稳定后,记录称量数值。称量三份样品。

⑩称量结束后,将烧杯和离心管从天平盘上取下。

⑪按置零键,显示 0.00 g,按关机键。

⑫清理天平盘上的残留物。

⑬关闭电源。

⑭填写天平使用记录本。

(4)数据记录

黄瓜泥称取操作数据记录见表 5-1。

表 5-1 黄瓜泥称取操作数据记录

测定次数	第一次	第二次	第三次
黄瓜泥质量/g			

(5)评价表

黄瓜泥称取操作评价见表 5-2。

表 5-2 黄瓜泥称取操作评价

项目	考核标准	分值	得分
准备	正确调节水平	5	
	规范清扫称量盘	5	
称量操作	接通电源,预热 30 min	5	
	正确开机、置零	5	
	烧杯、离心管放入天平盘中央,正确去皮	5	
	搅拌均匀后称取样品	10	
	称量过程样品无撒落	10	
	取出的多余样品要弃去	10	
称量准确性	待数值稳定后,正确记录称量的重量	5	
	三份样品称重范围均在(2.00±0.05) g	15	
结束操作	取出称量物,置零,关机	5	
	断开电源,清扫秤盘	5	
其他	填写天平使用记录	5	
	物品归位,整理台面	5	
	按时完成,爱护仪器	5	
合计			

2. 减量法精密称取 0.2000 g 无水碳酸钠

(1)仪器设备

电子天平(0.0000 g)、干燥器、称量瓶、锥形瓶(250 mL)。

(2)材料和试剂

无水碳酸钠、滤纸条、毛刷、棉质手套。

(3)操作步骤

①插电预热。

②调节水平。

③清扫称量盘。

④按开机键,等待天平进入待机状态。

⑤按置零键,显示 0.0000 g。

⑥将装有无水碳酸钠的称量瓶放入称量盘中央,关闭天平门,按去皮键,显示 0.0000 g。

⑦用减量法准确称取(0.2000±0.0050) g 无水碳酸钠至锥形瓶中。

⑧待数值稳定后,记录数据,完成三份样品的称量。

⑨取出称量瓶,按置零键,显示 0.0000 g,按关机键。

⑩将称量瓶放回干燥器中。

⑪清理称量盘上的残留物。

⑫关闭电源。

⑬填写天平使用记录本。

（4）数据记录

无水碳酸钠称取操作数据记录见表5-3。

表 5-3　无水碳酸钠称取操作数据记录

测定次数	第一次	第二次	第三次
无水碳酸钠质量/g			

（5）评价表

无水碳酸钠称取操作评价见表5-4。

表 5-4　无水碳酸钠称取操作评价

项目	考核标准	分值	得分
准备	取下天平罩,检查天平内的干燥剂	5	
	正确调节水平	5	
	规范清扫称量盘	5	
	接通电源,预热 30 min	5	
称量操作	正确开机、置零	5	
	称量瓶放入称量盘中央,正确去皮	5	
	敲取动作规范	15	
	样品无撒落	15	
称量准确性	待数值稳定后,正确记录称量的重量	5	
	称重范围(0.2000±0.0050) g	10	
结束操作	取出称量皿,置零,关机	5	
	断开电源,清扫称量盘	5	
	填写天平使用记录	5	
其他	物品归位,整理台面	5	
	按时完成,爱护仪器	5	
合计			

▶▶ **任务拓展**

①通过查阅资料,学习如何正确选择天平。

②梳理电子天平的操作流程,录制一段操作视频供小组讨论评价,达到巩固电子天平使用方法的目的。

③理解称量时使用手套或纸条接触称量瓶及称量瓶盖的目的,进一步掌握电子天平的规范操作。

▶️ **知识拓展**

1. 被称物情况变化的影响

①被称物表面吸附水分的变化。烘干的称量瓶、灼烧过的坩埚等一般放在干燥器内冷却到室温后进行称量,它们暴露在空气中会吸附一层水分而使质量增加。空气湿度不同,所吸附水分的量也不同,故要求称量速度快。

②试样能吸收或放出水分或试样本身有挥发性。这类试样应放在带磨口盖的称量瓶中称量。灼烧产物都有吸湿性,应在带盖的坩埚中称量。为加快称量速度,可把砝码预先放好再称量。

③烘干或灼烧的器皿必须在干燥器内冷却至室温后再称量,要注意在干燥器中不是绝对不吸附水分,只是湿度较小而已;应掌握相同的冷却时间,如都为 45 min 或 1 h。

2. 电子天平常见故障

①天平开启不显示,无反应。可能原因:保险丝断、开关失灵、插头部件接触不良。

②显示出现不稳定,一般是环境的影响或预热时间不够,可以排除环境因素的影响,当预热一段时间后天平能自动恢复正常;如果上述两项排除后还是出现漂移等现象,这是一个常见的复杂故障,可能是机械部分的因素,也可能是电路板部分所致,找出原因予以排除。

▶️ **自主学习资源库**

①https://www.foodmate.net/
②GB/T 26497-2022 《电子天平》
③JJG 1036-2022 《电子天平检定规程》

任务 5.2   托盘天平的使用

▶️ **任务描述**

托盘天平,别名台秤,是实验室中用于粗略称量物质质量的仪器。本任务中,学生主要学习托盘天平的构造和使用方法。通过本任务的学习,学生能规范操作托盘天平,提高化学分析的操作技能。

▶️ **知识准备**

1. 构造

托盘天平主要有底座、托盘架、托盘、标尺、平衡螺母、指针、分度盘、游码等,如图 5-3 所示。

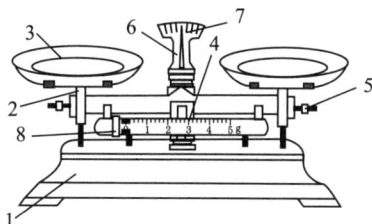

1—底座;2—托盘架;3—托盘;4—标尺;5—平衡螺母;
6—指针;7—分度盘;8—游码。

图 5-3   托盘天平示意图(江施云绘制)

2. 使用方法

①将托盘天平放在平稳的水平台面上,并确保其稳固不摇晃。

②将游码置于游标尺的"0"位处,检查架盘天平的指针是否在分度盘的中间位置左右摆动。如果指针不在中间位置,可以调节平衡螺母,使指针在分度盘中间位置左右摆动幅度大致相等。

③将待称物品放在左盘上,砝码(10 g或5 g以下的质量,可用游码)放在右盘上;当指针停在刻度盘的中间位置时,砝码加游码的质量就是被称物品的质量。

④称量完毕,用镊子将砝码逐个放回砝码盒。

⑤游码归零。

⑥两个托盘叠放在一侧,将托盘天平放回盒子里。

思政花园:在使用托盘天平进行实验或测量时,必须遵循严格的操作规范,稍有偏差就可能导致结果的不准确。这就要求同学们秉持实事求是的态度,每一个数据都要如实记录,每一个操作步骤都要严谨对待。通过托盘天平的操作实践,养成严谨的科学作风,这种作风在任何专业领域和生活中都是宝贵的品质。

▶▶ **任务实施**

1. 用托盘天平称取约2.5 g氯化钠

(1)仪器设备

托盘天平、烧杯(50 mL)。

(2)材料和试剂

氯化钠、称量纸。

(3)操作步骤

①游码在"0"位处,调节平衡螺母,让指针停止在分度盘的中间位置。

②在左、右托盘上各放一张称量纸。

③夹取2 g的砝码放在右盘的称量纸上。

④往左盘的称量纸上添加氯化钠,让指针略偏向分度盘的左边。

⑤移动游码,让指针停止在分度盘的中间位置,记录称取的质量。

⑥称量结束,砝码归盒,游码归"0"位处。

⑦两个托盘叠放在一侧,将托盘天平放回盒子里。

(4)评价表

氯化钠称取操作评价见表5-5。

表5-5　氯化钠称取操作评价

项目	考核标准	分值	得分
准备	将托盘天平置于水平的桌面上	5	
	称量前,将游码置于游标尺的"0"处	5	
称量操作	规范熟练进行托盘天平调平	10	
	称量纸放置于托盘中间位置	10	
	正确夹取砝码	10	
	用药匙规范称取氯化钠	10	
	调节游码,让指针停在刻度盘的中间位置	10	
	准确计算称取质量	10	

续表

项目	考核标准	分值	得分
结束操作	游码归零	5	
	两个托盘叠放在一侧	5	
	托盘天平放回盒子里	5	
其他	物品归位,整理台面	5	
	按时完成,爱护仪器	10	
合计			

2. 用托盘天平配平离心管

(1)仪器设备

托盘天平、离心管(50 mL)、烧杯(50 mL)、量筒(50 mL)。

(2)材料和试剂

橙汁、蒸馏水、滤纸、胶头滴管、标签。

(3)操作步骤

①量取 20 mL 的橙汁于 1 个离心管中。

②量取约 19 mL 蒸馏水于另 1 个离心管中。

③调节托盘天平的平衡螺母,让指针停在分度盘的中间位置。

④在左、右托盘上分别放置小滤纸、烧杯,调节托盘天平的游码,让指针停在分度盘的中间位置。

⑤将 2 个离心管分别放置在左、右托盘上的 2 个烧杯里,使用胶头滴管滴加蒸馏水于盛有蒸馏水的离心管中,让指针停在分度盘的中间位置。

⑥将配平好的离心管取下,备用;取下烧杯和滤纸。

⑦将游码归零,两个托盘叠放在一侧,将托盘天平放回盒子里。

(4)评价表

离心管配平操作评价见表5-6。

表5-6　离心管配平操作评价

项目	考核标准	分值	得分
准备	将托盘天平置于水平的桌面上	5	
	称量前,将游码置于游标尺的"0"位处	5	
平衡操作	规范熟练进行托盘天平调平	10	
	将 2 份滤纸和烧杯分别放置于托盘中间位置	10	
	调节游码,让指针停在刻度盘的中间位置	10	
	将离心管放置于烧杯中	10	
	逐滴加蒸馏水直到两边离心管平衡	20	

续表

项目	考核标准	分值	得分
结束操作	游码归零	5	
	两个托盘叠放在一侧	5	
	托盘天平放回盒子里	5	
其他	物品归位,整理台面	5	
	按时完成,爱护仪器	10	
合计			

▶▶ **任务拓展**

①小组讨论,总结完成托盘天平称重的口诀,巩固托盘天平的使用方法。

②通过查阅资料,解决平衡离心管操作中指针偏向右盘的问题,进一步掌握托盘天平的规范操作。

▶▶ **知识拓展**

1.托盘天平使用的注意事项

①托盘天平要放平稳,必须放置在平稳的水平台面上,避免影响称量的准确性。

②托盘天平的底座上有一个铭牌,上面记录着此托盘天平的最大称量和感量。使用时,要注意不要超过最大称量且不要小于感量,否则将损坏托盘天平或无法测量。

③药品不能直接放在托盘天平的盘上,应放在称量纸、表面皿或其他容器中;吸湿性强的或有腐蚀性的药品(如氢氧化钠)必须放在玻璃容器内,快速称量。

④砝码必须用镊子夹取,不能用手拿取,砝码必须放在架盘天平盘内或砝码盒里,不能随意乱放。

⑤称量物体时,必须按"由大到小"的顺序选用砝码。

⑥托盘天平不能称量热的物品。

⑦称量结束后,将两个托盘叠放在一侧,以避免托盘天平摆动。

2.日常保养维护

①清洁:使用柔软的布擦拭托盘天平的外观,确保表面干燥和清洁。清洁时避免使用含有酸碱性质的化学品,以防腐蚀表面。

②定期校准:根据托盘天平的使用频率和工作环境,建议每三个月进行一次校准。校准步骤请参考托盘天平的说明书或联系供应商进行操作指导。

③防尘措施:在不使用托盘天平时,应将其放回盒子里,以防止灰尘、杂物等进入设备内部而影响其工作状态。

▶▶ **自主学习资源库**

①https://www.foodmate.net/

②GB/T 30437—2013 《托盘扭力天平》

任务 6　加热与干燥

学习目标

知识目标

①熟悉水浴锅、电热干燥箱、马弗炉的构造。

②掌握水浴锅、电热干燥箱、马弗炉的使用方法和注意事项。

技能目标

①能规范使用水浴锅完成低温加热。

②会使用电热干燥箱完成试品的热干燥。

③能规范使用马弗炉完成样品灰化。

④能规范填写仪器使用记录本。

素质目标

①培养学生严谨规范、耐心细心的检测岗位工作作风。

②培养学生形成认真负责、诚实守信的工作态度。

③提高学生分析问题和解决问题的能力。

④培养学生精益求精、追求卓越的职业精神。

⑤培养学生爱劳动、会劳动的意识,保持实验过程整洁、干净的职业素养。

⑥培养学生严格按照标准进行实验的能力,养成爱护仪器设备、节约耗材的良好习惯。

⑦培养学生的质量意识、环保意识、安全意识。

任务 6.1　水浴锅的使用

任务描述

水浴锅是低温加热设备,通常用于温度低于 100 ℃的恒温加热实验,也可用来加热和蒸发易挥发、易燃的有机溶剂。本任务,学生主要学习水浴锅的结构和使用方法。通过本任务的学习,学生能规范使用水浴锅,提高化学分析的操作技能。

知识准备

1.构造

水浴锅有内、外两层,内层用不锈钢板(或铝板、紫铜板)冲压而成,外壳常用薄钢板(或不锈钢板)制成,表面烤漆,内层与外壳夹层之间充填玻璃球等保温材料。水槽底部安装有铜管,铜管内装有电炉丝作为加热元件。温度控制器一般以双金属片为热控元件调节控制温度。不同规格的水浴锅,面板上有不同数量的孔,每孔配有四个不同口径的套圈和小盖,选择套圈可放置大小不同的被加热的器皿。水箱下侧有放水阀门,水浴锅右侧是电气箱,电气箱面板上有电源开关、指示灯和调温旋钮,如图 6-1 所示。

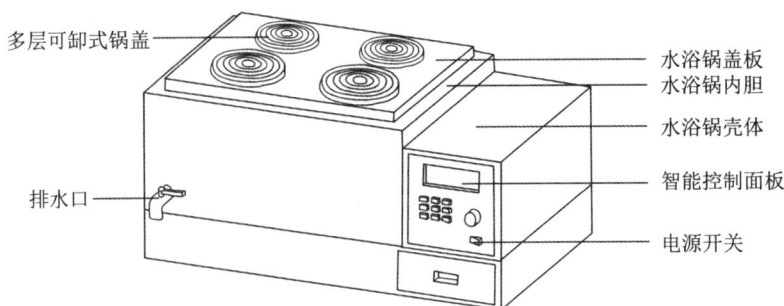

图 6-1　水浴锅示意图(江施云绘制)

2. 操作步骤

①将水浴锅放在水平、平稳的台面上。

②关闭放水阀门,往水槽注入蒸馏水,加水量约为水槽容积的 2/3。

③接通电源,打开开关,电源指示灯亮。设置所需的温度,此时加热指示灯亮,水开始加热升温。当水温上升至设定温度时,加热指示灯熄灭,水处于恒温状态。

④将待加热的物品放入水浴锅内,实时观察水浴锅的工作情况。

⑤使用完毕,关闭电源开关。

⑥填写水浴锅使用记录本。

3. 注意事项

①最低水位不得低于电热管,否则会烧毁电热管;也不可加水太多,以免沸腾时水溢出锅外。

②水浴锅工作过程中,不要用手触摸电热管或热水。

③定期检查水浴锅有无损坏、老化、渗漏现象,水槽有无水垢生成,如有须及时处理。

④如长期不用,应将水冷却后全部放净,擦干。

思政花园:在实验室进行水浴锅的操作实践时,如果操作不当(如温度控制不准确、干燥时间不足等),就会导致实验失败或造成安全事故,因此,遵守操作规则是十分重要的。在未来的职业生涯中,无论从事何种工作,都要有强烈的自律意识和责任感。

▶ **任务实施**

1. 去除碳酸饮料中的二氧化碳

(1)仪器设备

恒温水浴锅、蒸发皿。

(2)材料和试剂

碳酸饮料、滤纸、玻璃棒、精密 pH 试纸。

(3)操作步骤

①往水槽注入蒸馏水,加水量约为水槽容积的 2/3。

②接通电源,打开开关,设定温度为 100 ℃。

③待水浴恒温后,往蒸发皿中倒入一定量的碳酸饮料,再把蒸发皿放在水浴锅的套圈上进行加热,一边加热一边搅拌,每 5 min 用 pH 试纸测试一次。

④30 min 后,取下蒸发皿,用滤纸擦拭皿的底部。

⑤关闭开关,拔下电源线,填写水浴锅使用记录本。

（4）数据记录

二氧化碳去除操作数据记录见表6-1。

表6-1　二氧化碳去除操作数据记录

加热时间	0 min	5 min	10 min	15 min	20 min	25 min	30 min
pH							

（5）评价表

二氧化碳去除操作评价见表6-2。

表6-2　二氧化碳去除操作评价

项目	考核标准	分值	得分
使用前	加水至水槽容积的2/3	10	
	插上电源，开机预热	5	
使用中	正确设置温度	5	
	正确判断水浴恒温状态	10	
	放置蒸发皿于水浴锅的套圈上，选择合适的套圈	10	
	一边加热一边搅拌	10	
	成功去除碳酸饮料中的二氧化碳	10	
	取下蒸发皿，用滤纸擦拭皿底的水分	10	
使用后	使用完毕，关机，再拔下电源线	5	
数据记录	观察并准确记录	5	
	填写使用记录本	5	
数据记录	观察并准确记录	5	
其他	物品归位，整理台面	5	
	按时完成，爱护仪器	10	
合计			

2. 水浴蒸干酸奶

（1）仪器设备

恒温水浴锅、称量皿、电子天平（0.0000 g）、干燥器。

（2）材料和试剂

酸奶、海沙、回形针、滤纸。

（3）操作步骤

①往水槽注入蒸馏水，加水量约为水槽容积的2/3。

②接通电源，打开开关，设定温度为100 ℃。

③在称量皿中加入少量海沙和一根回形针，称重记录为 m_3；往称量皿中加入少许酸奶，称重记录为 m_1。

④待水浴恒温后,把称量皿放在水浴锅的套圈上进行加热,一边加热一边搅拌回形针。

⑤待样品蒸干后,取下称量皿,用滤纸擦拭皿的底部,称重记录为 m_2。

⑥关闭开关,拔下电源线,填写水浴锅使用记录本。

⑦将 2 份蒸干后的酸奶样品置于干燥器中,备用。

（4）数据记录

酸奶蒸干操作数据记录见表 6-3。

表 6-3　酸奶蒸干操作数据记录

测定次数	第一次	第二次
称量皿和样品的质量 m_1/g		
水浴蒸干后称量皿和样品的质量 m_2/g		
蒸发的水分重量/g		
均值/g		
相对相差		

（5）评价表

酸奶蒸干操作评价见表 6-4。

表 6-4　酸奶蒸干操作评价

项目	考核标准	分值	得分
使用前	加水至水槽容积的 2/3	10	
	插上电源,开机预热	5	
使用中	正确设置温度	5	
	正确判断水浴恒温状态	10	
	称量皿中加入少许海沙和一根回形针	10	
	放置称量皿于水浴锅的套圈上,选择合适的套圈	10	
	边加热边搅拌回形针	10	
	成功蒸干酸奶	10	
使用后	使用完毕,关机后拔下电源线	10	
	填写使用记录本	5	
其他	物品归位,整理台面	5	
	按时完成,爱护仪器	10	
合计			

▶▶ **任务拓展**

通过查阅相关资料,回答水浴蒸干酸奶的称量皿中加入海沙的原因,进一步掌握水浴锅蒸干不同类型食品的操作方法。

▶▶ 知识拓展

1. 水浴锅的日常养护

（1）清洁

①清洁外壳：使用柔软的湿布擦拭恒温水浴锅的外壳。

②清洁内胆：将内胆中的样品倒掉，然后用中性洗涤剂和温水进行清洗，避免使用有酸碱性的清洁剂。

③清洁加热元件：将恒温水浴锅断电并待其冷却后，用柔软的刷子轻轻清洁加热元件表面，避免使用化学试剂或者粗糙的刷子；清洁完成后，用湿布擦拭干净。

（2）存储和保养

①存储环境：当长时间不使用恒温水浴锅时，应将其存放在干燥通风的室内环境中，避免阳光直射和潮湿。

②避免震动：在使用和搬运过程中，应避免恒温水浴锅受到剧烈的震动，以防止零部件的损坏或松动。

③定期保养：根据使用情况和设备说明书，定期进行保养和维修，以确保恒温水浴锅的性能和安全。

2. 水浴锅的常见故障

①无法启动：首先检查电源连接是否正常；若电源正常，则可能是电源故障或保险丝损坏，此时须更换电源或保险丝。

②温度不稳定：可能是温度掌控装置出现问题，须更换或调整；同时，检查锅内是否有过多杂质或沉淀物，这些杂质会影响温度稳定性，须定期清洁。

③水不热或过热：检查加热装置是否正常工作，必要时更换加热管或调整其温度掌控功能；同时，确保水箱内水位正常，水位过低也会影响水温。

④漏水问题：检查水箱的密封性，确保连接点和管道没有松动或磨损，紧固螺丝和螺母；若问题依旧，则须更换受损的密封件。

▶▶ 自主学习资源库

①https://www.foodmate.net/

②JJF（黑）001－2019　《实验室用电热恒温水浴锅校准规范》

任务 6.2　电热干燥箱的使用

▶▶ **任务描述**

电热干燥箱通常又称烘箱，是利用电热丝隔层加热来干燥的设备，最高温度一般为 300 ℃，通常用于物品的烘焙、干燥、热处理。本任务中，学生主要学习电热干燥箱的构造、使用方法和注意事项。通过本任务的学习，学生能规范使用电热干燥箱，提高化学分析的操作技能。

▶▶ **知识准备**

1. 构造

（1）箱体

①箱壳：外壳用薄铁板（或薄钢板）制成。箱壁多分为三层（包括外壳），三层铁板之间形

成内、外两个夹层,外夹层中填充绝热材料(玻璃纤维或石棉板),内夹层作为热空气对流层。

②恒温室:内层铁板所围绕的空间叫作恒温室。室内有 2～3 层网状搁架,用于放置物品。

③箱门:箱门一般为双层,内门为耐高温的不易破碎的钢化玻璃,外门是填有绝热层的金属隔热门。

④进、排气孔:箱底有进气孔,干燥空气由此进入;箱顶有排气孔,便于热空气和蒸气逸出,排气孔中央备有温度计插孔,插上温度计用于指示箱内温度。

⑤侧室:一般有开关、指示灯、温度控制器。

⑥鼓风机:大型的干燥箱还带有鼓风装置,鼓风用的小型电动机一般也装在箱侧室里,鼓风的目的是促使工作室内冷热空气对流。

(2)电热系统

电热部分多为外露式电热丝,固定在箱底夹层中。大型的干燥箱电热丝可分为两组:一组为辅助加热,用于急需在短时间内加热升至高温,直接与电源连接,不与温度控制器连接;另一组用于保持恒温,其发热单元直接与温度控制器连接。

(3)自动控温系统

温度控制器一般有差动棒式、电接点水银温度计式;近年来少数厂家又研制出数字显示式控温器,数字温度显示调节仪自动控温,使用方便,控制灵敏,工作稳定,温度显示直观、准确。

电热干燥箱的外观如图 6-2 所示。

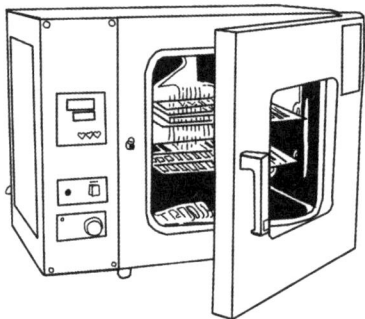

图 6-2 电热干燥箱的外观示意图(江施云绘制)

思政花园:电热干燥箱依据热传递原理,通过加热元件将电能转化为热能,再借助空气对流(鼓风干燥箱)来实现对物品的干燥处理。这一过程涉及物理、化学等多学科知识的综合运用。同学们可以清楚地认识到科学研究和工程制造背后的严谨性和逻辑性,培养自身的科学精神和探索意识。

2. 使用方法

①调整搁板位置及数量,放入需干燥的物品,上下四周应留存一定空间,保持工作室内气流畅通,关闭箱门。

②接通电源,打开开关。

③打开加热开关,设置所需的温度值,开始加热。

④打开鼓风机开关,进行鼓风。

⑤恒温后根据实验需要确定烘干时间。

⑥烘干完毕,关闭加热开关和鼓风机开关。

⑦关闭电源开关,拔出插头,冷却后开启箱门取出样品。

⑧填写电热干燥箱使用记录本。

3. 注意事项

①不能用于易燃、易爆、易挥发和有腐蚀性的物品的烘干。

②橡皮塞和橡胶管易老化,不能放入干燥箱中。

③干燥带玻璃塞或活塞的仪器时,应将玻璃塞或活塞取下再干燥。

④器皿放入干燥箱前,应先将仪器内的水倒净,以防温度急剧上升使器皿炸裂。

⑤散热板不得放置物品,以免影响空气向上流动。

▶▶ **任务实施**

1. 邻苯二甲酸氢钾烘干恒重

(1)仪器设备

电热恒温鼓风干燥箱、称量皿、干燥器、电子天平(0.0000 g)。

(2)材料和试剂

邻苯二甲酸氢钾、棉质手套。

(3)操作步骤

①取少量邻苯二甲酸氢钾于称量皿中。

②将称量皿置于电热恒温鼓风干燥箱中。

③接通干燥箱电源,打开电源开关,设置温度为 105 ℃。

④1 h 后取出称量皿,置于干燥器内冷却 0.5 h,称量。

⑤再将称量皿置于干燥箱中再次加热干燥。

⑥1 h 后取出称量皿,置于干燥器内冷却 0.5 h,称量;重复干燥至前后两次质量差不超过 2 mg,即为恒重。

⑦使用完毕,关闭电源开关,拔出插头。

⑧填写电热恒温鼓风干燥箱使用记录本。

(4)评价表

恒重烘干操作评价见表 6-5。

表 6-5　恒重烘干操作评价

项目	考核标准	分值	得分
称样操作	正确规范使用电子天平	10	
	正确使用干燥器	5	
使用电热干燥箱	检查电热干燥箱周围的环境	5	
	接通电热干燥箱电源,打开开关,正确设置温度	10	
	干燥过程中适时观察温度	5	
	取出称量皿,置于干燥器内冷却 0.5 h	5	
恒重操作	正确称重	10	
	将称量皿放回干燥箱再次加热干燥	10	
	正确判定恒重	20	

续表

项目	考核标准	分值	得分
其他	填写使用记录本	5	
	物品归位,整理台面	5	
	按时完成,爱护仪器	10	
合计			

2. 酸奶中水分的测定

(1)仪器设备

电热恒温鼓风干燥箱、电子天平(0.0000 g)、干燥器。

(2)材料和试剂

任务 6.1 水浴蒸干后的酸奶样品、棉质手套。

(3)操作步骤

①将水浴蒸干后的酸奶样品置于电热恒温鼓风干燥箱中。

②接通电热恒温鼓风干燥箱电源,打开电源开关,设置温度为 105 ℃。

③1 h 后取出称量皿,置于干燥器内冷却 0.5 h,称量。

④再将称量皿置于干燥箱中再次加热干燥。

⑤1 h 后取出称量皿,置于干燥器内冷却 0.5 h,称量;重复干燥至前后两次质量差不超过 2 mg,即为恒重。

⑥准确称量烘干后的样品和称量皿的重量,记录为 m_2。

⑦使用完毕,关闭电源开关,拔出插头。

⑧填写电热恒温鼓风干燥箱使用记录本。

(4)计算

水分含量的计算公式如下:

$$X=\frac{m_1-m_2}{m_1-m_3}\times100\%$$

式中,m_1——称量皿和样品的质量,单位 g;

　　　m_2——称量皿和干燥后样品的质量,单位 g;

　　　m_3——称量皿的质量,单位 g;

　　　X——水分的含量,%。

(5)数据记录

酸奶水分测定数据记录见表6-6。

表 6-6　酸奶水分测定数据记录

测定次数	第一次	第二次
称量皿和样品的质量 m_1/g		
称量皿和干燥后样品的质量 m_2/g		
称量皿的质量 m_3/g		

测定次数	第一次	第二次
水分含量 $X/\%$		
平均水分含量/%		
相对相差		

（6）评价表

酸奶水分测定操作评价见表 6-7。

表 6-7　酸奶水分测定操作评价

项目	考核标准	分值	得分
称样操作	正确规范使用电子天平	10	
	正确使用干燥器	5	
使用电热干燥箱	检查电热干燥箱周围的环境	5	
	接通电热干燥箱电源,打开开关,正确设置温度	5	
	干燥过程中适时观察温度	5	
	取出称量皿,置于干燥器内冷却 0.5 h	5	
恒重操作	正确称重	5	
	将称量皿放回干燥箱再次加热干燥	5	
	正确判定恒重	15	
水分计算	数据记录规范	10	
	计算正确	10	
其他	填写使用记录本	5	
	物品归位,整理台面	5	
	按时完成,爱护仪器	10	
合计			

▶▶ **任务拓展**

通过查找文献资料,比较电热恒温干燥箱和电热恒温鼓风干燥箱的特点和适用范围,进一步巩固干燥箱的使用方法。

▶▶ **知识拓展**

1. 电热干燥箱的日常养护

（1）清洁

①设备内部:使用柔软的湿布擦拭箱内,清除残留的样品残渣和灰尘;特别注意角落和缝隙处,避免污垢积累。

②外部表面:定期擦拭外壳,保持外观整洁,防止灰尘进入设备内部。

（2）检查通风系统

定期清理通风口的灰尘和杂物,确保通风良好;检查风机运行是否正常,有无异常噪声或振动。

（3）检查温度控制系统

定期检查温度控制系统,确保温度传感器的准确性;如有需要,按照说明书进行校准。

（4）安全检查

定期检查安全保护系统,确保过温保护、过载保护等安全功能正常;检查电源线、插头和插座,确保电气部分的安全性。

2. 电热干燥箱的常见故障

电热干燥箱常见故障分析见表 6-8。

表 6-8　电热干燥箱常见故障分析

故障现象	原因	解决办法
不升温	仪表设定工作温度未调整好	调整好仪表设定工作温度
	加热开关未开	接通加热开关
	电热丝接点接触不良或电热丝断	电热丝接触不良时请旋紧电热丝接点螺母,电热丝断则需更换电热丝
	继电器(或接触器)触点接触不良	清洁继电器(或接触器)的触点
	传感器断路	接通传感器电路
温度失控	仪表损坏	更换仪表
	传感器短路	排除传感器短路故障或更换传感器
	继电器触点已熔蚀	更换继电器
	鼓风电机不转	排除鼓风电机电器回路故障
温度不均匀	试品装载过密	增大试品之间的间隔
	热空气泄漏	调整门密封条在门槽内的高度至合适位置
	出风口调节不当	根据工作温度的高低及试品密度调节

▶▶ **自主学习资源库**

①https://www.foodmate.net/

②GB/T 30435—2013 《电热干燥箱及电热鼓风干燥箱》

任务 6.3　马弗炉的使用

▶▶ **任务描述**

马弗炉又称电阻炉,是一种高温热处理设备,它具有高温稳定性好、高温范围广、温度控制精准的特点。本任务中,学生主要学习马弗炉的构造、使用方法和注意事项。通过本任务的学习,学生能规范使用马弗炉,提高化学分析的操作技能。

▶▶ 知识准备

1.分类

①按加热元件分类：电炉丝马弗炉、硅碳棒马弗炉、硅钼棒马弗炉。

②按使用温度分类：1000 ℃以下箱式马弗炉；1100～1300 ℃硅碳棒马弗炉；1600 ℃以上硅钼棒马弗炉。

③按控制器分类：PID调节控制马弗炉（可控硅数显温度控制器）；程序控制马弗炉（电脑时温程控器）。

④按外观形状分类：箱式电阻炉（见图6-3）、管式电阻炉（见图6-4）、高温坩埚炉（见图6-5）。

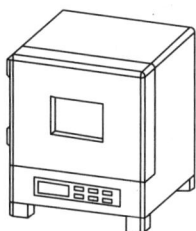

图6-3　箱式电阻炉示意图（江施云绘制）　　　　图6-4　管式电阻炉示意图（江施云绘制）

图6-5　高温坩埚炉示意图（江施云绘制）

2.箱式电阻炉的构造

主要由炉体外壳、保温材料、炉膛材料、热电偶、加热元件、控制器、温控仪表等组成，如图6-6所示。

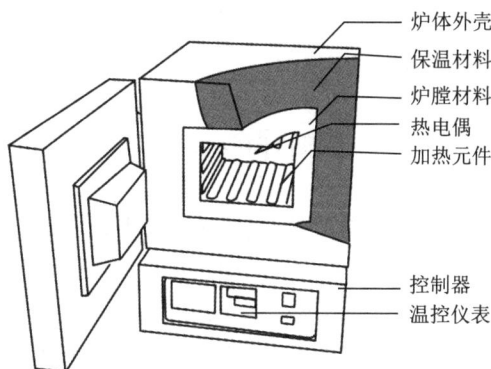

图6-6　箱式电阻炉构造示意图（江施云绘制）

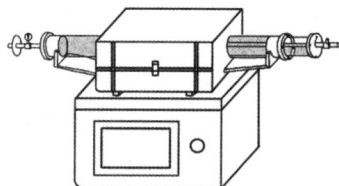

3. 操作步骤

（1）设备准备

①确保周围环境清洁,无杂物堆积。

②检查电源接地是否良好。

③检查控制面板和仪表是否正常工作。

④用毛刷清扫炉膛内的灰尘和机械性杂质。

（2）放置样品

将准备好的样品放置在炉膛内,注意要避免样品之间的接触或重叠,关闭炉门。

（3）温度控制

开启电源开关,指示灯亮起,根据实验的要求和样品的特性设置所需的温度,打开加热按钮。待温度逐渐升高至预定温度,并保持一段时间,使样品得到充分灼烧。

（4）实验结束

当达到需要的灼烧时间后,停止加热,关闭电源。待炉膛温度降低至 200 ℃ 左右后,打开炉门,用坩埚钳取出物品至干燥器中。

（5）关闭炉门,填写马弗炉使用记录本。

4. 注意事项

①当马弗炉第一次使用或长期停用后再次使用时,必须进行烘炉干燥。对于 1000 ℃ 以内的马弗炉,烘炉的时间应为室温至 200 ℃ 保持 4 h,200~600 ℃ 保持 4 h。

②使用时,炉温最高不得超过额定温度,以免烧毁电热元件;必须采取逐渐提高电压的办法进行升温,炉温不得超过最高温度,以免烧毁电热元件。

③使用过程中要经常照看,防止因自控失灵而造成炉丝烧断等事故。

④灼烧完毕,应立即切断电源,但不能立即打开炉门,以免炉膛因突然受冷而碎裂。

⑤马弗炉周围不应存放易燃、易爆物品,更不能在炉膛内灼烧有爆炸危险的物品。

思政花园:马弗炉属于高温设备,在使用过程中须严格按照操作规程进行,包括精确控制温度、按照规定的时间加热等,防止高温烫伤、烧伤或爆炸等事故的发生。同学们在生活和工作中要秉持严谨态度,遵循科学规律,提高安全意识。

▶▶ **任务实施**

完成灰化面粉的任务。

1. 仪器设备

电子天平、马弗炉、电炉、瓷坩埚、坩埚钳、干燥器。

2. 材料和试剂

面粉、0.5% 三氯化铁溶液和等量蓝墨水的混合物。

3. 操作步骤

①瓷坩埚的准备:将洗净的坩埚用三氯化铁与蓝墨水的混合液在坩埚外壁及盖上写编号后,置于 500~550 ℃ 马弗炉中灼烧 1 h,于干燥器中冷却至室温,称重。重复上述过程直至两次恒重之差小于 0.5 mg,记录质量 m_1。

②试样准备:准确称取 2 g 面粉样品置于坩埚内,并记录质量 m_2。

③炭化:将盛有面粉样品的坩埚放在电炉上,小火加热,炭化至无黑烟产生。

④灰化:将炭化好的坩埚慢慢移入马弗炉内,将坩埚盖斜倚在坩埚口,关闭炉门,设置温

度为 550 ℃,灼烧 5 h。打开炉门,待炉膛温度冷却至 200 ℃左右,取出坩埚放入干燥器中冷却至室温,准确称重。重复灼烧、冷却、称重,直至恒重(两次称量之差小于 0.5 mg),记录质量 m_3。

⑤关闭炉门,做好整理工作,填写马弗炉使用记录本。

4. 计算

灰分含量的计算公式如下:

$$X = \frac{m_3 - m_1}{m_2 - m_1} \times 100\%$$

式中,m_1——坩埚质量,单位 g;

m_2——坩埚＋样品质量,单位 g;

m_3——坩埚＋灰分质量,单位 g;

X——灰分的含量,%。

5. 数据记录

面粉灰化数据记录见表 6-9。

表 6-9 面粉灰化数据记录

测定次数	第一次	第二次
坩埚质量 m_1/g		
坩埚＋样品质量 m_2/g		
坩埚＋灰分质量 m_3/g		
灰分的含量 X/%		
平均灰分含量/%		
相对相差		

6. 评价表

面粉灰化操作评价见表 6-10。

表 6-10 面粉灰化操作评价

操作步骤	评分标准	分值	得分
准备	检查马弗炉周围及炉膛内	5	
	检查电源、控温仪等设备	5	
灰化操作	将样品整齐放置在炉膛中间	5	
	插上电源,开机,正确设置温度	10	
	定期观察显示屏上的温控,确保温度准确	10	
结束操作	关闭加热开关	10	
	等待降温,正确判定开炉门的温度	10	
	使用坩埚钳,快速、准确将样品放入干燥器	10	
	关机,拔下电源线	5	

续表

操作步骤	评分标准	分值	得分
天平操作	正确规范完成三次称量	10	
其他	填写使用记录本	5	
	物品归位,整理台面	5	
	按时完成,爱护仪器	10	
合计			

▶▶ **任务拓展**

以乙酸镁作为灰化助剂测定乳粉总灰分为学习项目,通过加做空白试验,进一步掌握马弗炉的规范操作方法。

▶▶ **知识拓展**

1. 马弗炉的由来

"马弗(Muffle)"一词源于佛兰德斯语,意为"隔热罩",在英语中则是指一种类似箱子的东西,可以把物品装入其中进行运输或者保护。马弗炉之所以被称为马弗炉,是因为它具有一种类似隔热罩的结构,可将加热室与燃料分隔开来,从而防止燃料和待处理物质之间的接触。这种隔热装置就像是炉膛中悬挂着的一个箱子,因此就被称为"马弗(Muffle)"。

2. 马弗炉的运用

随着科学技术的不断进步,马弗炉的市场需求也在稳步增长。目前,国内外市场上存在着众多马弗炉生产厂家,竞争日益激烈。在这种背景下,厂家需要不断创新,提高产品质量和技术水平,以满足用户日益增长的需求。

未来,马弗炉市场将朝着以下几个方向发展:智能化,随着物联网和人工智能技术的发展,马弗炉将实现更加智能化的控制和管理,提高实验效率和安全性;环保性,随着环保意识的日益增强,马弗炉的节能和环保性能将成为用户关注的重点,厂家需要不断优化设计,提高设备的能效和环保水平;多功能化,为了满足不同领域的研究需求,马弗炉将朝着多功能化方向发展,实现一机多用,提高设备的性价比。

思政花园:随着科技的发展,马弗炉的技术也在不断更新换代,从最初的简单加热设备发展到如今具有高温、均匀加热和精确控制等特性的设备。这一发展历程启发了我们,在学习和未来的工作中要不断追求创新,积极探索新技术、新方法。

▶▶ **自主学习资源库**

①https://www.foodmate.net/

②GB 5009.4—2016 《食品安全国家标准 食品中灰分的测定》

③GB/T 8309—2013 《茶 水溶性灰分碱度测定》

任务 7　提取与净化

学习目标

▶ **知识目标**

①了解超声波清洗器的原理和构造。

②熟悉涡旋混合器的构造和特点。

③掌握涡旋混合器、超声波清洗器的操作方法。

④掌握离心机实现样品分离的基本原理。

⑤熟悉固相萃取技术的基本原理和特点。

⑥掌握离心机、固相萃取仪的操作方法。

▶ **技能目标**

①能运用超声波清洗器、涡旋混合器、离心机完成样品的提取。

②能规范操作压力泵。

③能独立完成固相萃取柱的活化、上样、淋洗、洗脱操作。

④能规范填写仪器使用记录本。

▶ **素质目标**

①培养学生严谨规范、耐心细心的检测岗位工作作风。

②培养学生形成认真负责、诚实守信的工作态度。

③提高学生分析问题和解决问题的能力。

④培养学生精益求精、追求卓越的职业精神。

⑤培养学生爱劳动、会劳动的意识,保持实验过程整洁、干净的职业素养。

⑥培养学生严格按照标准进行实验的能力,养成爱护仪器设备、节约耗材的良好习惯。

⑦培养学生的质量意识、环保意识、安全意识。

任务 7.1　超声波清洗器的使用

▶ **任务描述**

超声波清洗器可以用于清洗各种实验器皿和工具,如试管、烧杯、玻璃片等,还可以用于组分提取。本任务中,学生主要学习超声波清洗器的原理、构造和操作方法。通过本任务的学习,学生能规范使用超声波清洗器,提高化学分析的操作技能。

▶ **知识准备**

1. 原理

当超声波发生器产生的高频振荡信号作用于清洗液时,清洗液中的微小气泡会在声场的影响下振动,当声压达到一定值后,气泡会迅速膨胀并突然闭合,产生冲击波。这种冲击波在液体中传播,能够撞击并剥离物体表面的污垢,从而达到清洗的目的。

此外,超声波在液体介质中传播时产生的空化效应、机械振动、微射流和微声流等多极效应,能够破坏细胞壁,有助于提取待分离组分。

思政花园:从最初对超声波特性的发现,到将其应用于清洗技术的研发,这一过程中体现了科学家们不断探索、勇于创新的科学精神。科学家们在研究超声波如何在清洗溶剂中产生数以万计的微小气泡,以及如何利用这些气泡达到清洗目的的过程中,经历了无数次的实验和失败才取得成功。这种探索过程更加激励我们在自己的学习和未来的工作中,秉持勇于探索、不怕失败的态度。

2. 构造

超声波清洗器的外观结构和主要部件如图 7-1 所示。

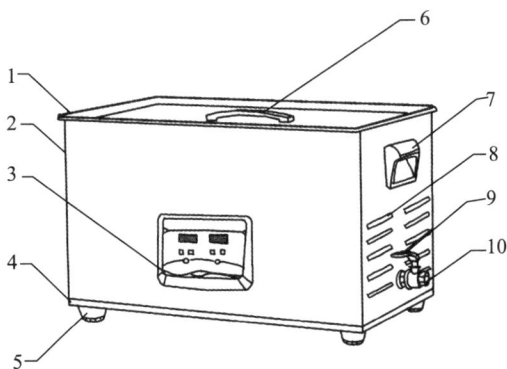

1—消音盖;2—外壳;3—参数设置面板;4—底座;5—防滑脚垫;
6—盖板拉手;7—机身提手;8—散热孔;9—放水开关;10—排水口。

图 7-1　超声波清洗器示意图(江施云绘制)

3. 操作步骤

①物品准备:将要清洗的物品放入清洗器的清洗篮中,然后将清洗篮放入清洗槽内。注意不可将物品直接放入清洗槽底部,以免损坏设备及影响清洗效果。

②清洗液准备:根据不同的产品或清洗要求,按比例倒入清洗液、水或水溶液。

③接通电源:接通电源,打开超声波清洗器开关按钮,此时指示灯亮,表示仪器可以操作。

④温度调节:按照物品的清洗要求,设置超声波清洗器的温度。当加热温度达到产品清洗要求时,温度指示灯熄灭,加热器停止工作;若低于设置的温度,加热器则会继续自动加热。

⑤设定时间:根据产品清洗要求设置定时器的工作时间,一般物品清洗在 $10\sim20$ min。对于特别难清洗的部件,可以适当延长清洗时间。

⑥功率设定:部分机型具有超声功率设定功能,用户可以根据实际需求设定超声功率的大小。

⑦取出物品:清洗结束后,从清洗槽中取出清洗篮,用温水清洗,或者在另外一个没有溶剂的温水清洗槽里漂洗物品。

⑧干燥与存放:将清洗完毕的物品进行干燥处理,然后存放或组装。

⑨排出污液:清洗完毕后,将清洗槽内的污液排出。

⑩填写使用记录本。

▶ **任务实施**

1. 超声波清洗器清洗刻度管

（1）仪器设备

超声波清洗器、刻度管。

（2）材料和试剂

蒸馏水、洗洁精。

（3）操作步骤

①加蒸馏水至超声波清洗器中，检查水位。

②倒入 5 mL 洗洁精。

③将清洗篮放入清洗槽内。

④将待清洗的刻度管放入清洗篮中，确保水位淹没刻度管。

⑤接通电源，设置超声时间为 15 min。

⑥超声清洗结束后，取出刻度管，先用流动水冲洗，再用蒸馏水淋洗，然后放置在实验台上晾干。

⑦整理台面，填写仪器使用记录本。

2. 超声提取橘子皮中色素

（1）仪器设备

超声波清洗器、电子天平（0.00 g）、烧杯（100 mL）、量筒（50 mL）、玻璃棒、分光光度计、比色皿。

（2）材料和试剂

新鲜橘子皮、无水乙醇、蒸馏水、擦镜纸、滤纸。

（3）操作步骤

①加蒸馏水至超声波清洗器中，检查水位。

②将新鲜橘子皮清洗干净，然后切成适当大小的碎片。

③称取 4 份 2.00 g 橘子皮于烧杯中。

④量取 4 份 20 mL 无水乙醇加入烧杯中，用玻璃棒搅拌均匀。

⑤将烧杯放入超声波清洗器中进行超声提取。设置温度为 40 ℃，将 4 份样品进行超声提取，时间分别为 5 min、10 min、15 min、20 min。

⑥冷却后，取上清液于波长 410 nm 处测其吸光度。

⑦清洗器皿，整理台面。

⑧填写仪器使用记录本。

（4）数据记录

超声提取橘子皮中色素数据记录见表 7-1。

表 7-1　超声提取橘子皮中色素数据记录

超声提取时间	5 min	10 min	15 min	20 min
吸光度				

（5）评价表

超声提取橘子皮中色素操作评价见表 7-2。

表 7-2　超声提取橘子皮中色素操作评价

项目	考核标准	分值	得分
样品准备	橘子皮清洗干净,切分均匀	5	
	正确使用电子天平称取样品	10	
	准确量取 20 mL 无水乙醇,搅拌均匀,确保橘子皮碎片充分浸润在溶剂中	10	
超声提取操作	加水	5	
	将烧杯放入超声波清洗器的框中	10	
	检查水位,让水位淹没样品	10	
	插上电源,开机,正确设置超声参数	20	
	观察并记录吸光度	10	
	关机,拔下电源线	5	
	填写使用记录本	5	
其他	物品归位,整理台面	5	
	按时完成,爱护仪器	5	
合计			

▶▶ **任务拓展**

①以超声提取柚子皮中果胶的项目为例,通过训练进一步掌握超声波清洗器在成分提取中的操作步骤。

②通过查阅资料,探究长期高频使用对超声波清洗器中换能器寿命的影响,制定保养计划。

▶▶ **知识拓展**

超声波清洗器在食品加工中可以产生多种影响。

1. 对猪肉解冻速率与品质特性的影响

超声波技术可以显著提高猪肉的解冻速率。研究表明,与传统水浸解冻相比,超声波辅助解冻能够显著缩短解冻时间,解冻时间缩短 26.72%～64.99%。此外,超声波处理还能有效抑制解冻过程中猪肉的脂质氧化,从而保持猪肉的品质特性。

2. 对肉制品嫩度的影响

超声波处理可以通过调节钙蛋白酶活性和蛋白质降解来改善猪肉的嫩度。超声波循环周期中产生的正负交替压力会破坏肌细胞结构和肌原纤维蛋白,使肌纤维沿 Z 线和 I 带断裂。同时,超声波还能促进组织蛋白酶的释放和钙离子的流出,进一步激活钙蛋白酶,促进蛋白质水解,从而增加猪肉的嫩度。

3. 对杀菌效果的影响

超声波技术还可以作为杀菌的一种方式。当超声波强度较大时,其产生的高压和高剪切力可以破坏细胞膜,导致细胞死亡,从而实现杀菌效果。这种物理杀菌方式相比传统的化学消毒方法更加环保和安全,避免了化学消毒剂的残留和对环境的污染。

▶▶ 自主学习资源库

①https://www.foodmate.net/
②QB/T 4376—2012 《清洗机》

任务7.2 涡旋混合器的使用

▶▶ **任务描述**

涡旋混合器是一种将振荡和涡旋相结合的设备,具有结构简单、体积小、耗电少、噪声低等特点,能将所需混合的液体、液固、固固(粉末)以高速漩涡形式快速混合。本任务中,学生主要学习涡旋混合器的构造、操作方法及注意事项。通过本任务的学习,学生能规范使用涡旋混合器,提高化学分析的操作技能。

▶▶ **知识准备**

1. 构造

①底座:涡旋混合器的稳固基础,通常由金属或坚固的塑料制成,用于支撑整个设备并保持稳定。

②电动机:位于底座内部或附近,是涡旋混合器的动力源。电动机通过驱动轴将动力传递给旋转部件。

③驱动轴:连接电动机和旋转部件的关键组件,负责将电动机的旋转运动传递给旋转部件。

④旋转部件(也称混合头或涡旋头):涡旋混合器的核心部分,通常由橡胶或其他柔软且耐用的材料制成,是通过高速旋转产生涡旋效应来混合样品的。

⑤控制面板:用于控制设备的运行,如启动,停止,调节转速、时间和模式等。控制面板上可能还配备显示屏或指示灯,以显示设备的状态或提供其他相关信息。

涡旋混合器的外观如图 7-2 所示。

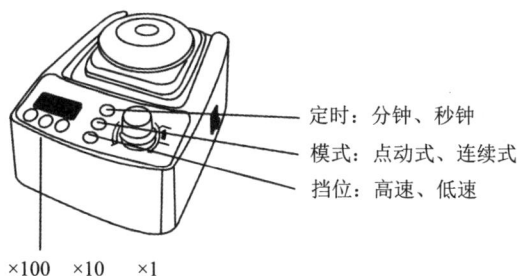

图 7-2 涡旋混合器的外观示意图(江施云绘制)

2. 操作步骤

①检查仪器:确保涡旋混合器外观完好,各部件紧固,电源线和插头无损坏。

②放置仪器:将涡旋混合器放置在平稳、通风、无腐蚀性气体的环境中,以确保其工作时的稳定性。

③检查电源:确保电源插头插入 220 V 交流电源插座;检查电源线是否完好,避免使用破损的电源线。

④打开电源:按下电源开关,指示灯亮起,表示仪器已通电。

⑤参数设置:设置转速、时间、模式等。

⑥开始混匀:在确认所有设置无误后,按下启动按钮开始混匀操作。

⑦关闭电源:结束试验后,关机,拔下电源。

⑧妥善保管:将涡旋混合器放置在干燥、通风、无腐蚀性气体的地方保管,填写使用记录本。

3. 注意事项

①电源要求:用户提供的工作电源应符合涡旋混合器的规定要求,通常为 220 V 交流电源。

②平衡性:涡旋混合器需放置在平稳的工作界面上,并确保其底部与台面紧密接触,以减少震动和晃动。

③调速操作:缓慢调节调速旋钮至所需速度;停机前,也应先将调速旋钮置于最小位置,然后关闭电源开关并切断电源。

思政花园:在操作涡旋混合器时要注意工作界面的稳固性、转速的调节方法、不同类型的垫板等问题;如果不规范操作,可能导致样品泄漏、仪器损坏,甚至危及自身和他人的安全。同学们要具有实验安全的责任感,清楚地明白遵守操作规程是对自己、对他人、对实验负责的基本态度。

▶▶ **任务实施**

1. 离心管的混匀

(1)仪器设备

涡旋混合器、离心管(50 mL)、电子天平(0.00 g)、药匙、量筒。

(2)材料和试剂

肉泥、磷酸盐缓冲液。

(3)操作步骤

①检查仪器,确保各部件紧固,电源线和插头无损坏。

②将涡旋混合器放置在平稳台面上。

③连接电源,开机。

④称取(2.00±0.05) g肉泥于离心管中。

⑤量取 10 mL 磷酸盐缓冲液于离心管中。

⑥设置高速挡位,时间为 2 min,模式为连续式。

⑦将离心管放置于混合器上,缓慢转动转速旋钮至 2500 r/min,观察样品的混匀情况。

⑧等待旋转平台完全停止后,取下离心管,备用。

⑨将转速旋钮旋转回"0"刻度,关机,拔下电源线。

⑩填写使用记录本。

(4)评价表

离心管混匀操作评价见表 7-3。

表 7-3　离心管混匀操作评价

项目	考核标准	分值	得分
检查仪器	确保各部件紧固,电源线和插头无损坏	5	
准备样品	用电子天平称取 2.00 g 肉泥至离心管中	10	
	准确量取 10 mL 磷酸盐缓冲液于离心管中	5	
涡旋操作	将涡旋混合器放置在平稳、通风、无腐蚀性气体的台面上	10	
	将电源插头插入 220 V 交流电源插座	5	
	打开开关,正确设置参数,包括模式、转速、时间	10	
	将离心管放置在混合器上,缓慢转动转速旋钮,让转速上升	10	
	离心管内的肉样要成漩涡状	10	
	涡旋停止后,将转速旋钮转回"0"刻度	10	
	取下离心管,观察肉样的涡旋效果	5	
	关机,拔下电源线	5	
其他	填写使用记录本	5	
	物品归位,整理台面	5	
	按时完成,爱护仪器	5	
合计			

2. 具塞刻度管的混匀

(1)仪器设备

涡旋混合器、具塞刻度管(10 mL)、移液枪(1~5 mL)。

(2)材料和试剂

标准溶液、蒸馏水、移液枪枪头。

(3)操作步骤

①检查仪器,确保各部件紧固,电源线和插头无损坏。

②将涡旋混合器放置在平稳台面上。

③连接电源,开机。

④用移液枪吸取 1 mL 标准溶液于具塞刻度管中。

⑤用移液枪吸取 9 mL 蒸馏水于具塞刻度管中。

⑥设置高速挡位,时间为 1 min,模式为连续式。

⑦将具塞刻度管放置于混合器上,缓慢转动转速旋钮至 2500 r/min,观察溶液的混匀情况。

⑧等待旋转平台完全停止后,取下具塞刻度管。

⑨将转速旋钮旋转回"0"刻度,关机,拔下电源线。

⑩填写使用记录本。

(4)评价表

具塞刻度管混匀评价见表 7-4。

表 7-4　具塞刻度管混匀评价

项目	考核标准	分值	得分
检查仪器	确保各部件紧固,电源线和插头无损坏	5	
准备样品	准确吸取 1 mL 标准溶液于具塞刻度管中	10	
	准确吸取 9 mL 蒸馏水于具塞刻度管中	5	
涡旋操作	将涡旋混合器放置在平稳、通风、无腐蚀性气体的台面上	10	
	将电源插头插入 220 V 交流电源插座	5	
	打开开关,正确设置参数,包括模式、转速、时间	10	
	将具塞刻度管放置在混合器上,缓慢转动转速旋钮,让转速上升	10	
	具塞刻度管内的标样要成漩涡状	10	
	涡旋停止后,将转速旋钮转回"0"刻度	10	
	取下具塞刻度管,观察标样的涡旋效果	5	
	关机,拔下电源线	5	
其他	填写使用记录本	5	
	物品归位,整理台面	5	
	按时完成,爱护仪器	5	
合计			

▶▶ **任务拓展**

通过查阅资料,总结延长涡旋混合器使用寿命的方法,进一步规范涡旋混合器的操作。

▶▶ **知识拓展**

高效涡旋列管式混合器通常由安装架、固定环、管道、进料管、支撑杆、连接块、轴承、防护罩和电机等部件组成。物料通过进料管进入管道后,受到涡旋结构的作用,开始产生强烈的涡旋运动,这种涡旋运动使得物料在管道内部不断翻滚、碰撞和剪切,从而实现快速且均匀的混合。高效涡旋列管式混合器具备以下特点。

1. 高效混合能力

高效涡旋列管式混合器通过其独特的涡旋结构,使得物料在管道内部能够进行强烈的涡旋运动。这种涡旋运动不仅提高了混合速度,还确保了混合的均匀性。与传统的混合设备相比,高效涡旋列管式混合器能够在更短的时间内达到更好的混合效果,从而大大提高了生产效率。

2. 混合均匀度高

由于涡旋运动的作用,物料在管道内部不断翻滚、碰撞和剪切,从而实现了更均匀的混合。这种高均匀度的混合效果有助于避免物料在混合过程中出现分层、团聚等问题,确保了混合物的稳定性和一致性。

3. 适应性强

高效涡旋列管式混合器适用于多种物料的混合,包括不同性质的液体、粉末和颗粒等。这种广泛的适用性使得高效涡旋列管式混合器能够满足不同行业、不同工艺的需求,具有很强的市场竞争力。

4. 易于维护

高效涡旋列管式混合器的结构设计相对简单,部件之间的连接牢固可靠。这使得设备在维护方面相对容易,降低了维护成本和停机时间。同时,设备的清洁工作也变得更加方便,有助于保持设备的卫生和性能。

5. 稳定性好

高效涡旋列管式混合器在运行过程中表现出良好的稳定性。设备的振动和噪声水平较低,不会对操作人员产生干扰。同时,设备的耐久性和可靠性也较高,能够长时间稳定运行,确保生产过程的连续性和稳定性。

6. 智能化控制

现代高效涡旋列管式混合器通常配备智能化控制系统。这些系统可以实时监测设备的运行状态和混合效果,并根据需要进行调整和优化。这种智能化控制不仅提高了设备的自动化程度,还降低了操作难度和人工成本。

▶▶ **自主学习资源库**

https://www.foodmate.net/

任务 7.3　离心机的使用

▶▶ **任务描述**

离心机是利用离心力分离液体与固体颗粒或液体与液体的混合物中各组分的设备。本任务中,学生主要学习离心机的原理、分类和使用方法。通过本任务的学习,学生能规范使用离心机,提高化学分析的操作技能。

▶▶ **知识准备**

1. 原理

离心机利用重力沉降原理:当含有细小颗粒的悬浮液静置不动时,由重力场的作用引起悬浮的颗粒逐渐下沉;粒子越重,下沉越快,反之,密度比液体小的粒子就会上浮。微粒在重力场下移动的速度与微粒的大小、形态和密度有关,还与重力场的强度及液体的黏度有关。利用离心机转子高速旋转产生的强大的离心力,可以加快液体中颗粒的沉降速度,把样品中不同沉降系数的物质分离开。

2. 分类

①按安装的方式可分为台式离心机、立式离心机等。台式离心机(见图 7-3)由于尺寸较小,经常用于研究和临床实验室;立式离心机常用作冷冻离心机(见图 7-4),一般以最高速度运行,同时保持低温,用于分析 DNA、RNA、PCR 和抗体,其温度范围在 $-40\ ℃$ 至 $-20\ ℃$。

图 7-3　台式离心机示意图(江施云绘制)

图 7-4　冷冻离心机示意图(江施云绘制)

②按容量分类可分为微量离心机、小容量离心机和大容量离心机。微量离心机(见图 7-5)具有紧凑的外形,占地面积非常小,常用于分子生物学检测。

(a)微量离心机外观

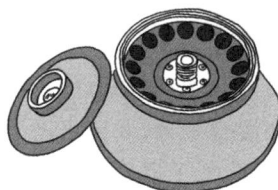

(b)微量离心机转盘

图 7-5　微量离心机示意图(江施云绘制)

③按转速可分为低速离心机、高速离心机和超高速离心机。低速离心机通常在实验室中以 4000~5000 r/min 的速度运行,用于常规颗粒分选,采用吊桶式和定角转子。高速离心机以 15000~30000 r/min 的速度运行,包含一个调节温度和运行速度的装置,用于对精细生物分子进行关键分析,采用固定角转子、吊桶式转子和立式转子。超高速离心机是一种高度发达且精密的离心机,速度范围为 60000~150000 r/min,可以用于分组样品,或以连续流动系统的形式运行样品。

④按操作方式可分为间隙式离心机和连续式离心机。间隙式离心机的加料、分离、洗涤和卸渣等过程都是间隙操作,并采用人工、重力或机械方法卸渣。连续式离心机可以在不影响沉降速率的情况下离心大量样品。

3. 操作步骤

(1)准备工作

①检查离心机的转子是否有损坏或松动的部分。

②将离心机放置在干燥、通风良好的实验室台上。

(2)样品处理

①将待离心的样品放入离心管中,可用适量的溶剂来配平样品。

②在每个离心管上做好标记,避免混淆样品。

(3)设置

根据样品类型和实验需求,选择合适的转子,设置合适的离心参数,包括离心速度、离心时间和温度等。

（4）离心操作

①在确认离心机设置正确和样品已经配平后，才可启动离心机。

②在离心过程中，注意观察是否有任何异常振动或噪声，一旦听到奇怪的声音或观察到强烈的振动，请立即关闭离心机并取出样品，及时调整离心参数或样品位置，以确保离心过程的稳定性。

（5）离心后的处理

等待离心机完全停止旋转后，打开离心机盖子，取出离心管，将样品转移到其他容器中进行后续实验分析，关闭离心机，拔下电源线，并填写仪器使用记录本。

4. 离心管配平的注意事项

①重量配平：一般精密平衡要求偏差不超过 0.1 g，常规应用则要求不超过 1 g，重量偏差不得超过离心机说明书上所规定的范围。

②当离心管个数为奇数时，加载平衡的平衡管内必须采用密度相近的材料填充。

思政花园：高速离心机的操作要求非常严格，例如，在安装离心管时要对称放置，操作过程中若离心管破裂要及时停机处理等操作规程，都体现了严谨性。同学们在科学实验和未来的工作中需要养成严谨的态度，每一个操作都可能影响结果的准确性，要树立责任意识。

▶▶ **任务实施**

完成用离心机提取肉样的任务。

1. 仪器设备

涡旋混合器、台式离心机、托盘天平、离心管（50 mL）、烧杯（50 mL）、量筒（50 mL）。

2. 材料和试剂

涡旋混匀后肉样、滤纸、蒸馏水、磷酸盐缓冲液。

3. 操作步骤

①取任务 7.2 中涡旋混匀后的肉样。

②另取 1 个离心管，用添加蒸馏水的方法将其与盛有肉样的离心管配平。

③将 2 个离心管置于离心机中，设置转子、转速（11000 r/min）、时间（5 min），离心结束后取出离心管，倒出上清液，待用。

④再量取 10 mL 磷酸盐缓冲液于肉样残渣离心管中。

⑤将离心管放置于混合器上，用 2500 r/min 的速度，混匀 2 min。

⑥再次用盛有蒸馏水的离心管将其与盛有肉样的离心管配平。

⑦将 2 个离心管置于离心机中，设置转子、转速（11000 r/min）、时间（5 min），离心结束后取出离心管，倒出上清液。

⑧合并两次上清液。

⑨关机，拔下电源线，填写使用记录本。

4. 评价表

离心机操作评价见表 7-5。

表 7-5　离心机操作评价

项目	考核标准	分值	得分
准备	检查离心机外部环境、内部部件	5	
	正确完成 2 个离心管的配平	10	
离心操作	正确设置离心参数,包括转速和时间	10	
	在启动离心机之前,再次检查离心机盖子	5	
	在离心过程中,观察样品的离心速度和转子的平衡情况	5	
	等待离心机完全停止旋转后,打开离心机盖子,取出离心管	5	
	倒出上清液	5	
	再次离心,合并 2 次上清液	20	
	正确操作涡旋混合器	15	
其他	填写使用记录本	5	
	物品归位,整理台面	5	
	按时完成,爱护仪器	10	
合计			

▶▶ **任务拓展**

以分离牛奶中稀奶油的项目为例,通过训练进一步掌握离心机在样品分离中的操作步骤。

▶▶ **知识拓展**

离心机在操作过程中可能会遇到多种常见故障,一些常见的故障及其排除方法见表 7-6。

表 7-6　离心机常见的故障分析

常见故障	故障原因	排除方法
离心机无法启动	电源故障或不稳定	检查电源插头是否插好,电源线是否通电,电源是否稳定
	电机故障	检查电机是否故障,如故障则需要更换或维修
	保险丝熔断	检查保险丝是否熔断,如熔断则需要更换新的保险丝
	转子损坏或卡住	检查转子是否损坏或卡住,如有问题则需要更换转子或清理卡住的部分
噪声或振动过大	转子不平衡	重新平衡转子,或更换损坏的转子
	轴承损坏	检查轴承是否磨损,如磨损则需要更换
	机械部件松动	紧固机械部件,确保无松动
	离心管放置不均匀或破裂	均匀放置离心管,更换破裂的离心管

续表

常见故障	故障原因	排除方法
转速不稳定	电源不稳定	检查电源是否稳定,如不稳定则需要增加稳压器
	电机故障	检查电机是否故障,如故障则需要更换或维修
	转子磨损	检查转子是否磨损,如磨损则需要更换新的转子
	控制系统故障	检查控制系统是否故障,如有问题则需要修复或更换
泄漏问题	密封件损坏或老化	更换损坏的密封件或密封垫
	油封或密封垫破损	紧固离心管或转头,确保无泄漏
	离心管或转头松动	检查并更换老化的油封
控制面板显示错误或操作问题	控制面板故障	检查控制面板电源连接是否良好,如有问题则需要修复或更换控制面板
	电源供应问题	检查电源供应是否稳定,如有问题则需要解决电源问题
	操作错误	仔细阅读操作手册,确保正确操作离心机
离心管破裂	离心管质量问题	更换质量可靠的离心管
	超速运行	控制转速在离心管可承受的范围内
	装载不平衡	平衡样品负载,确保装载均匀

▶▶ **自主学习资源库**

①https://www.foodmate.net/
②GB 19815—2021 《离心机　安全要求》
③GB/T 30099—2013 《实验室离心机通用技术条件》

任务 7.4　固相萃取仪的使用

▶▶ **任务描述**

固相萃取(solid-phase extraction,简称 SPE)是一种分离组分的样品前处理方法,主要通过固定相的吸附和流动相的洗脱,实现目标组分富集或样品净化。固相萃取仪将固相萃取的各个步骤有效地集成于一个平台,可完全实现整个固相萃取过程的全自动操作,大大提高了样品前处理的效率。本任务中,学生主要学习固相萃取的原理和操作步骤。通过本任务的学习,学生能规范使用固相萃取仪,提高化学分析的操作技能。

▶▶ **知识准备**

1. 基本原理

SPE 技术基于液-固相色谱理论,采用选择性吸附、选择性洗脱的方式对样品进行分离。它能使液体样品通过一个吸附剂,保留其中被测物质;再选择适当强度溶剂冲去杂质;然后用少量溶剂洗脱被测物质,从而达到快速分离、净化与浓缩的目的。

2. 固相萃取仪的类型技术特点

①精确控速,单道流速 $0.01 \sim 10.85$ mL/min。

②耐腐蚀顶板,机箱磷化和多层环氧树脂喷涂处理。

③多通道设计,小柱接头耐酸、碱、有机溶剂及氧化剂腐蚀。

④操作简单,可同时进行 $1 \sim 12$ 个样品的处理,避免交叉污染,提高工作效率。

⑤密封性好,稳定性强。

3. 操作步骤

固相萃取仪的操作步骤一般包括活化、上样、淋洗、洗脱等,如图 7-6 所示。

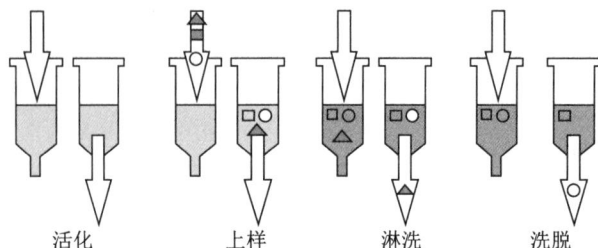

活化　　　　上样　　　　淋洗　　　　洗脱

图 7-6　SPE 处理的一般过程示意图(江施云绘制)

(1)活化

①用甲醇或极性有机溶剂淋洗固相萃取小柱。

②用水或缓冲溶液淋洗固相萃取小柱。

(2)上样

将样品添加至固相萃取小柱中,样品过柱的流速必须严格控制,可以合理使用压力泵。

(3)淋洗

用适当的洗涤剂淋洗固相萃取小柱,尽可能地除去干扰物,淋洗的流速必须严格控制,可以合理使用压力泵。

(4)洗脱

为了最大限度地将目标化合物洗脱下来,选择适当的洗脱溶剂洗脱固相萃取小柱,尽可能地收集洗脱液,洗脱的流速必须严格控制,可以合理使用压力泵。

选择洗脱溶剂时必须考虑以下几个原则:

①洗脱溶剂对目标化合物必须有足够的洗脱强度,以便尽可能用小体积的用量将目标化合物洗脱下来。

②洗脱溶剂必须有足够的选择性,理想的洗脱溶剂应该是能够选择性地将目标化合物从固相萃取柱上洗脱下来,而将保留能力强的杂质留在萃取柱上。

③洗脱溶剂应该尽可能与分析检测仪器相适应。

(5)填写使用记录本

思政花园:通过查阅资料,同学们可以了解进口固相萃取仪和国产固相萃取仪的特点和差距,对国内外仪器发展状况和国情有一个客观的认识,进而增强民族使命感和紧迫感。

▶▶ **任务实施**

完成使用 Waters HLB 固相萃取小柱的任务。

1. 仪器设备

固相萃取装置、具塞刻度管(10 mL)、移液枪(1~5 mL)。

2. 材料和试剂

甲醇、蒸馏水、样品提取液、流动相(0.05 mol/L 磷酸溶液,三乙胺-乙腈溶液)、固相萃取小柱(3 mL)、移液枪枪头。

3. 操作步骤

①组装:固相萃取装置。

②活化:依次用 2 mL 甲醇和 2 mL 水活化固相萃取小柱。

③上样:取任务 7.3 中离心后的上清液 5 mL 分 2 次转移至固相萃取小柱,合理使用压力泵。

④淋洗:依次用 2 mL 水对固相萃取小柱进行淋洗,合理使用压力泵,要抽干。

⑤洗脱:用 2 mL 流动相溶液洗脱固相萃取小柱,并收集洗脱液,合理使用压力泵,要抽干。

⑥整理:拆卸并清洗固相萃取装置,填写使用记录本。

4. 评价表

固相萃取评价见表 7-7。

表 7-7　固相萃取评价

项目	考核标准	分值	得分
准备	正确组装固相萃取装置	10	
固相萃取操作	依次用甲醇和水活化固相萃取小柱,顺序和用量正确	10	
	准确完成样品提取液上样	10	
	用水淋洗固相萃取小柱,顺序和用量正确	10	
	用流动相溶液洗脱固相萃取小柱	10	
	准确收集洗脱液	10	
	合理操作压力泵,控制流速,不能呈水柱	20	
其他	填写使用记录本	5	
	物品归位,整理台面	5	
	按时完成,爱护仪器	10	
合计			

▶▶ **任务拓展**

通过查阅《动物性食品中氟喹诺酮类药物残留检测高效液相色谱法》(农业部 1025 号公告-14-2008),小组讨论总结固相萃取柱的使用技巧,了解固相萃取在食品分析中的应用,进一步掌握固相萃取仪的规范操作。

▶▶ **知识拓展**

1. 固相萃取的类型

①吸附(反相):反相 SPE 技术适用于中等极性至低极性的分析物,可根据疏水性分离分析物,极性最强的化合物首先洗脱。

②吸附(正相):正相 SPE 技术通常用于极性从低到高或中性的分析物。这种分离以极

性为基础,先洗脱极性最小的成分。样品通常处于非水基质中。

③离子交换(阳离子/阴离子):可以根据电荷分离化合物,有阳离子交换和阴离子交换两种类型。

④混合模式:结合了离子交换和反相 SPE 的功能,可提高分离效果。

2.固相萃取柱的选择

根据目标化合物与干扰物的差异(如极性、分子量、pK 值等)选择合适的填料,如图 7-7 所示。

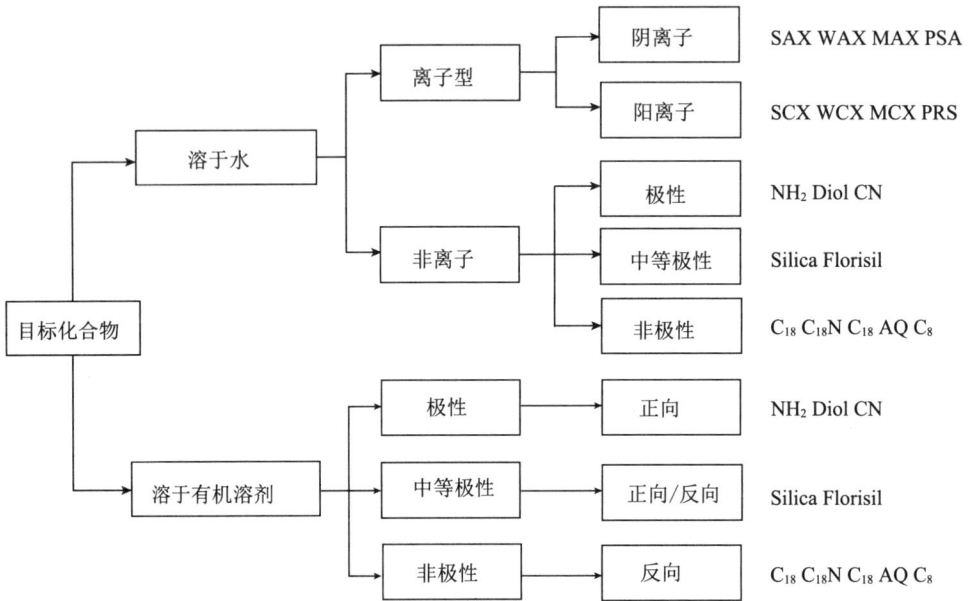

图 7-7　固相萃取柱选择

▶▶ **自主学习资源库**

①https://www.instrument.com.cn/

②https://www.foodmate.net/

任务 8　浓缩

学习目标

▶ 知识目标
①了解氮吹仪、旋转蒸发器的基本原理和构造。
②掌握氮吹仪、旋转蒸发器的使用方法。

▶ 技能目标
①会使用干浴式氮吹仪进行浓缩。
②能熟练操作旋转蒸发器进行浓缩。
③能规范填写仪器使用记录本。

▶ 素质目标
①培养学生严谨规范、耐心细心的检测岗位工作作风。
②培养学生形成认真负责、诚实守信的工作态度。
③提高学生分析问题和解决问题的能力。
④培养学生精益求精、追求卓越的职业精神。
⑤培养学生爱劳动、会劳动的意识,保持实验过程整洁、干净的职业素养。
⑥培养学生严格按照标准进行实验的能力,养成爱护仪器设备、节约耗材的良好习惯。
⑦培养学生的质量意识、环保意识、安全意识。

任务 8.1　氮吹仪的使用

▶ 任务描述
氮吹仪是一种常用于样品浓缩和溶剂蒸发的设备,具有省时、便捷、易控制等特点。本任务中,学生主要学习氮吹仪的工作原理、结构和操作方法。通过本任务的学习,学生能够规范使用氮吹仪,提高化学分析的操作技能。

▶ 知识准备

1.氮吹仪的原理

氮气是一种不活泼的气体,也能起到隔绝氧气的作用,防止样品氧化。加快蒸发主要有两个办法:一是加强它周围的空气流动,二是提高它的温度。氮吹仪就是通过这个原理达到浓缩的目的。它将氮气快速、连续、可控地吹到加热样品表面,实现大量样品的快速浓缩。按仪器加热方式,氮吹仪分为金属干浴式和水浴式两类。

思政花园:氮吹仪广泛应用于农残分析、环境监测等领域。例如,在农残分析方面,通过氮吹仪对样品的处理来检测农药残留。保障食品安全是十分重要的,同学们要明确分析检测人员的责任,意识到自己所学的知识和技能可以为社会的健康发展做出贡献。

2. 干浴式氮吹仪的构造

干浴式氮吹仪主要包括控制面板、通气针管、进气嘴、通气板、固定架、升降装置等部件，如图 8-1 所示。

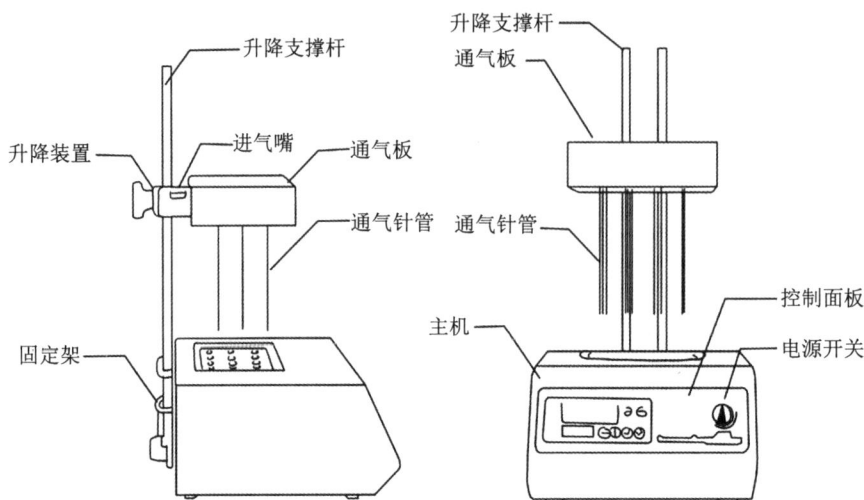

图 8-1　干浴式氮吹仪构造示意图（江施云绘制）

3. 水浴式氮吹仪的构造

水浴式氮吹仪主要包括控制面板、气针、高度调节支架、固定架、升降装置、水浴锅、不锈钢试管架等部件，如图 8-2 所示。

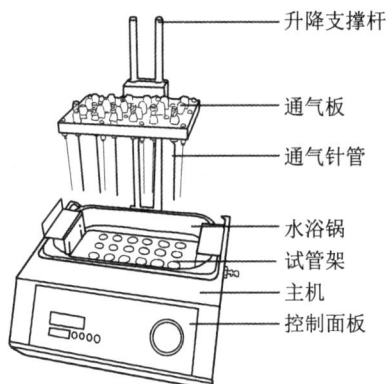

图 8-2　水浴式氮吹仪构造示意图（江施云绘制）

4. 操作步骤

（1）准备

①检查部件：确保氮吹仪的所有部件完好无损，且能正常工作。

②通风准备：检查通风橱内环境条件，打开风机。

（2）安装与设置

①安装氮吹针。

②设置参数：根据实验要求和样品特性，设置温度、时间等。

③连接氮气：打开氮气瓶气阀，调节分压阀，使压力保持在合适的范围内。

（3）放置样品与调整

①放置样品：将装有样品的试管或刻度管放置在样品架上，确保样品容器的底部与氮吹仪的加热板或水浴锅接触良好。

②调节高度：调整升降台和针头的高度，使氮气吹向样品表面时能够吹起波纹但不溅起样品。

（4）观察与调整

①观察蒸发：在氮吹过程中，观察样品的蒸发情况。

②调整参数：根据样品的蒸发情况，适时调整氮气流量和气针高度。

（5）结束

①关闭氮气：先关闭氮气总阀，再关闭氮气分压阀。

②取出样品：提起升降台，从样品定位架上小心取出样品试管或刻度管。

③关闭电源：关闭氮吹仪的电源开关和风机开关。

④清洗仪器：使用完毕后及时清洗气针及其配件。

⑤填写使用记录本。

5.注意事项

①不将氮吹仪用于燃点低于100 ℃的物质。

②氮吹应当在通风橱中进行，不能将头伸进通风橱。

③氮吹时不要移动氮吹仪，以防烫伤。

④不要带电打开水浴外壳，以防触电。

⑤不要使用酸性或碱性物质，否则将会损毁氮吹仪。

▶▶ **任务实施**

完成使用干浴式氮吹仪浓缩样品的任务。

1.仪器设备

干浴式氮吹仪、具塞刻度管（15 mL）、氮吹针。

2.材料和试剂

待浓缩的乙腈浸提液、甲醇、蒸馏水、滤纸。

3.操作步骤

①打开通风橱的风机、电灯。

②检查各气阀是否为"0"。

③打开氮吹仪开关，设置温度75 ℃和时间50 min。

④插针，用甲醇洗针后用滤纸擦拭干净。

⑤打开氮气的总阀，再开分压阀。

⑥打开流量计，用装有水或甲醇的具塞刻度管测试气流的流量。

⑦安放待浓缩的样品（装于具塞刻度管），调整气针的高度和气流大小。

⑧氮吹结束后，先关氮气总阀，再关分压阀，最后关流量计，等待压力为"0"。

⑨关闭氮吹仪开关，用甲醇洗针后再用滤纸擦拭干净，拔下气针。

⑩关闭风机和灯，填写仪器使用记录本。

4.评价表

干浴式氮吹仪操作评价见表8-1。

表 8-1 干浴式氮吹仪操作评价

操作步骤	评分标准	分值	得分
准备工作	通风橱使用正确	5	
	检查氮吹仪各部件连接紧密	5	
开气	规范操作气瓶的压力阀	10	
	规范操作流量计	5	
氮吹过程	正确设置参数	5	
	正确完成插针、洗针	5	
	规范完成氮气流量的测试	5	
	安放样品	5	
	规范操作流量阀	10	
浓缩过程监控	适时调节气针高度	5	
	适时调节流量阀	5	
设备关闭与清理	关气顺序正确	5	
	正确洗针、拔针	5	
	正确关机	5	
其他	填写使用记录本	5	
	物品归位,整理台面	5	
	按时完成,爱护仪器	10	
合计			

▶ **任务拓展**

查找"水浴氮吹浓缩仪"的使用视频,掌握水浴氮吹浓缩仪的操作方法,达到举一反三的目的。

▶ **知识拓展**

①当氮气流速为 330 mL/(位·min),针为 9♯×80 mm 时,氮吹仪对各种溶剂的蒸发速率及时间见表 8-2。

表 8-2 氮吹仪对不同溶剂的蒸发速率

溶剂	沸点/℃	水浴温度/℃	蒸发速率/(mL/min)	时间/(min/10 mL)
亚甲氯化物	40	37	0.4	25
己烷	69	67	0.36	28
氟氯烷	48	45	0.48	21
正戊烷	36	32	0.42	24
甲醇	65	63	0.25	40
丙酮	56	37	0.35	28
水	100	98	1.10	9
己烷	69	68	1.24	8*
甲苯	111	99	1.0	10*
二甲苯	144	99	0.8	13*

注:* 表示氮气流速为 660 mL/(位·min)。

②常见故障处理见表 8-3。

表 8-3 氮吹仪常见故障处理

故障现象	原因	处理
无电源	插座无电源	检查插座路线
	插座未插好或断线	重新插板,换好线
	电源开关未合上	合上开关
箱内温度不上升	设定温度过低	调整设定温度
	加热器损坏	更换加热器
	控温仪损坏	更换控温仪
实际温度与测量温度不一致	传感器松动	拧紧传感器螺丝
	传感器误差	调整 SCI 参数
	传感器脱落	重新固定传感器
温度失控,一直上升	温控仪损坏	更换控温仪表
	可控硅击穿	更换可控硅
显示 HHH 或 LLL	传感器短路或断路	更换传感器

▶▶ 自主学习资源库

①GB/T 22388－2008 《原料乳与乳制品中三聚氰胺检测方法》

②GB 23200.93－2016 《食品安全国家标准 食品中有机磷农药残留量的测定 气相色谱—质谱法》

③https://www.foodmate.net/

任务 8.2 旋转蒸发器的使用

▶▶ 任务描述

旋转蒸发器(rotary evaporator)是一种在实验室中主要用于溶剂的蒸发和浓缩的仪器。本任务中,学生主要学习旋转蒸发器的原理、构造和使用方法。通过本任务的学习,学生能规范使用旋转蒸发器,提高化学分析的操作技能。

▶▶ 知识准备

1. 原理

旋转蒸发器是通过旋转、加热和减压(降低物料沸点)的方式,使溶液中的溶剂快速蒸发,从而将溶剂从溶质中分离;特别适用于遇高温容易分解变性的生物制品的浓缩提纯。

①旋转作用:旋转蒸发瓶被置于加热浴中,并以一定速度旋转。旋转使得液体均匀地分布在瓶壁上,增加了液体的表面积,从而加速蒸发过程。

②加热与减压蒸发浓缩:加热浴提供热源,使溶液中的溶剂在低压下挥发。旋转蒸发器通常采用真空条件,这样可以降低溶剂的沸点,使得溶剂能在较低温度下迅速蒸发,避免热

敏性物质的降解。

③冷凝与回收提取:蒸发出来的溶剂气体通过冷凝器被冷却并凝结成液体。冷凝器通常采用冷却水或冰水进行降温,使蒸气凝结成液体,并通过管道流入收集瓶中。

④溶剂分离:经过上述步骤后,溶剂从溶质中分离出来,达到浓缩或去除溶剂的目的。收集瓶中的溶剂可根据需要进行回收或处理。

2. 构造

①旋转蒸发瓶:旋转蒸发瓶通常由耐高温的玻璃材料制成,具备良好的抗化学腐蚀性;其容量可以根据实验需求选择。

②加热浴:加热浴用于提供热源,通常设有温控系统,能够精确控制浴液的温度;其加热方式可采用水浴、油浴等,以确保均匀加热并防止过热损坏溶液。

③冷凝器:冷凝器是旋转蒸发器的一个重要部件,用于冷却蒸发出来的溶剂蒸气,促使其凝结成液体。冷凝器通常采用 2～3 层结构:内层流动冷却水或冰水,外层接收蒸气;冷凝后的溶剂液体进入收集瓶。

④收集瓶:收集瓶用于接收冷凝后的溶剂液体,一般安装在冷凝器下方,并通过管道连接;收集的溶剂可以根据需要进一步处理或回收。

⑤真空系统:真空系统通常由真空泵和压力调节装置组成,用于在旋转蒸发过程中提供低压环境,降低溶剂的沸点,帮助溶剂快速蒸发;通过调节真空系统,操作人员可以控制蒸发的温度和速度。

⑥旋转电机与支架:旋转电机用于驱动旋转蒸发瓶,使其以一定速度旋转,旋转速度可根据溶液的特性和蒸发速度调整;支架和电机支撑装置能够稳定旋转瓶的位置,确保平稳运行。

旋转蒸发器的构造如图 8-3 所示。

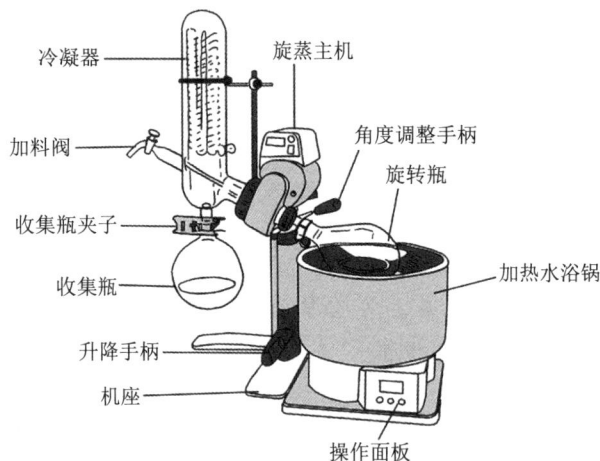

图 8-3 旋转蒸发器示意图(江施云绘制)

3. 操作步骤

①通电:把连接旋转蒸发器主机和真空泵的插线板电源插头,以及水浴锅的电源插头,插入电源插座。

②加水:确保水浴锅内水位至水浴锅容积的 4/5。

③设置:打开旋转蒸发器主机和水浴锅的电源开关;设置水浴温度,等待水浴锅加热至

设定的温度。

④调整蒸发瓶:将蒸发瓶和防爆球的磨口端连接;一手扶住蒸发瓶,一手下按夹子使夹子扣住蒸发瓶口,顺时针转动夹子固定蒸发瓶;然后按动操作杆,使蒸发瓶稍浸入水浴中。

⑤旋蒸:打开冷凝水,调节流速使冷凝水流速适中;调节转速(旋转蒸发器主机上部有一旋钮,通过它调节转速至合适);打开真空泵。

⑥观察:若溶剂沸腾过快,应迅速抬起蒸发瓶离开水浴锅;待沸腾停止后,向下按动操作杆,使蒸发瓶浸入水浴中。

⑦结束:待旋蒸结束后,关闭真空泵,调节转速至零,关闭冷凝水,打开放空阀;待内外压力平衡后,一手扶住蒸发瓶,一手逆时针转动夹子,待夹子松开后取下蒸发瓶。

⑧关机:关闭水浴锅开关和主机开关,拔下电源插头。

⑨清洗:及时清洁各个部件,尤其是旋转蒸发瓶和收集瓶,以免溶剂残留对仪器造成污染或腐蚀。

⑩填写使用记录本。

▶▶ **任务实施**

完成提取玫瑰花纯露的任务。

1. 仪器设备

电子天平(0.01 g)、过滤装置、旋转蒸发器、烧杯(1000 mL)。

2. 材料和试剂

玫瑰花瓣、纱布、滤纸、蒸馏水。

3. 操作步骤

①检查仪器,安装好整个装置,通电开机;在水浴锅中加入适量的蒸馏水,设置温度为 65 ℃。

②称取 100.00 g 玫瑰花瓣至旋转瓶中,加入 800 mL 蒸馏水。

③小心地将蒸发瓶装到旋转蒸发器上,并调整高度。

④依次打开冷凝水和水浴锅加热开关;设置转速为 50 r/min;打开真空泵,控制压力在 -25×100 kPa 以下。

⑤旋蒸结束后,先停止加热和旋转;后关闭真空泵,打开安全阀;关闭冷凝水,取下旋转瓶。

⑥冷却到室温后,将蒸发瓶里的提取液倒出,记录体积。

⑦及时清洁各个部件;关机,拔下电源插头;填写使用记录本。

4. 数据记录

①初始样液质量(g)。

②提取液的体积(mL)。

5. 评价表

旋转蒸发器操作评价见表 8-4。

表 8-4 旋转蒸发器操作评价

项目	考核标准	分值	得分
准备	检查仪器各部分	5	
	电子天平称取样品	10	

续表

项目	考核标准	分值	得分
旋转蒸发器操作	正确组装蒸馏装置	5	
	设置参数,包括转速、温度	10	
	正确使用真空泵,加快蒸发速度	20	
	调整冷凝水流速,有利于溶剂蒸发	10	
	旋蒸结束后,关机顺序正确	10	
	正确取出提取液	10	
其他	填写使用记录本	5	
	物品归位,整理台面	5	
	按时完成,爱护仪器	10	
合计			

▶▶ **任务拓展**

①通过查阅资料,分析在蒸发过程中出现冷凝效率低下的情况可能的原因,进一步掌握提高旋转蒸发器浓缩效率的方法。

②以提取橘皮中的精油为学习项目,通过训练进一步巩固旋转蒸发器使用步骤。

▶▶ **知识拓展**

旋转蒸发器在使用过程中常见的故障及其排除方法见表8-5。

表8-5 旋转蒸发器常见故障分析

常见故障	故障原因	排除方法
电机不转或转速减慢	电机内部电刷磨损	更换电刷
	驱动带断裂或拉紧力不足	更换驱动带或增加拉紧力
	负载过重,运转时间过长	关机停止使用,待电机冷却后继续使用,适当调整负载大小
	进气孔、管道或进气过滤器堵塞	清洁进气孔、管道和进气过滤器
	温度传感器、控温器故障或电源供应不稳定	更换温度传感器,检修或更换控温器,保证稳定的电源供应
温控系统故障	浴锅无数字显示	检测电源,确保电源正常
	温控仪指示灯亮但不加热	更换加热圈、固态继电器或继电板
	浴温低于设定温度时,温控仪指示灯不亮	更换温控仪
	温控仪显示异常	检测探头接线或更换探头

续表

常见故障	故障原因	排除方法
真空系统故障	容器内有溶剂	放空溶剂,空瓶测试
	真空油泵能力下降	真空油泵换油或清洗检修
	真空皮管、接头松动,真空表具接口泄漏	沿真空管路逐段检测、排除泄漏点
	密封圈、内部齿轮、玻璃旋转轴等部件磨损	更换磨损的密封圈、齿轮等部件
电机发热	电机负荷过大	适当减少样品量或使用较低黏度的溶剂
	工作时间过长	确保仪器在运行一段时间后有适当的休息时间
	轴承缺乏润滑或磨损	保持轴承的定期维护和润滑,若轴承已严重磨损,则需更换新轴承

▶▶ **自主学习资源库**

①https://www.chem17.com

②https://www.foodmate.net/

项目3

化学实验室的安全

任务 9　化学实验室安全操作

学习目标

▶▶ 知识目标

①熟悉化学危险品的分类。

②掌握气瓶的安全操作和注意事项。

③掌握有毒气体中毒的预防及急救。

④了解触电、短路等电气事故的危害和预防措施。

⑤掌握触电的急救方法。

▶▶ 技能目标

①能安全规范地使用气体气瓶。

②能发现实验室潜在的安全风险并进行处理。

③能及时发现并处理用电设备的异常情况。

▶▶ 素质目标

①培养学生严谨规范、耐心细心的检测岗位工作作风。

②培养学生形成认真负责、诚实守信的工作态度。

③提高学生分析问题和解决问题的能力。

④培养学生规范的操作习惯,树立 HSE 理念。

⑤培养学生爱劳动、会劳动的意识,保持实验过程整洁、干净的职业素养。

⑥培养学生的食品检测行业质量意识、环保意识、安全意识。

任务9.1　化学试剂的安全使用

▶▶ 任务描述

为了确保化学实验室的安全和实验人员的健康,使用化学试剂时必须严格遵守一系列安全规定和操作程序。本任务中,学生主要学习化学试剂安全操作和化学危险品分类。通过本任务的学习,学生能正确使用各类化学试剂,养成规范操作的习惯,树立 HSE(健康、安全、环境)理念。

▶▶ **知识准备**

1. 化学试剂使用安全注意事项

（1）基本防护

①避免直接接触：在化学实验室内，应避免手部、面部以及衣物（包括鞋子）直接接触任何化学物质。

②禁止不当行为：切勿吸入或误食化学试剂。实验结束后，务必彻底清洁双手。化学实验室内严禁吸烟、进食。

③离开实验室前，应及时处理受污染的实验服和手套。

（2）附加防护

①手套选择：操作强腐蚀试剂时，必须戴耐酸、耐碱、耐腐蚀的手套，而不是普通的乳胶或 PE 手套；每次使用前都要检查手套的完整性。

②眼部防护：根据化学物质的物理状态及毒性不同，实验人员应佩戴安全眼镜或护目镜。

2. 特殊化学试剂的安全操作

（1）浓硫酸

浓硫酸稀释时，必须在耐热容器内进行，且在搅拌下将酸缓慢地加入水中，不得将水倒入浓硫酸中。凡在稀释时会放出大量热的酸、碱，稀释时都应按此规定操作。

（2）氢氟酸

氢氟酸具有极强的腐蚀性，能腐蚀金属、玻璃和含硅的物质；氢氟酸烧伤较其他酸碱更危险。使用氢氟酸时需特别小心，需要戴耐酸、耐腐蚀的手套，操作后必须立即洗手。

（3）乙醚

乙醚是一种无色、高度挥发性、有甜味（"飘逸气味"）、极易燃的液体，化学分析中常用作萃取剂。因其闪点低（-45 ℃），极易着火；沸点低（34.5 ℃），极易挥发，使用时要特别小心。实验室内严禁明火。

（4）高氯酸

热的高氯酸是强氧化剂，与有机物或还原剂接触时会产生剧烈爆炸，使用时必须注意以下几点：

①浓高氯酸应存放在远离有机物及还原物的地方。

②使用高氯酸时严禁佩戴手套。

③在通风柜内使用高氯酸不得同时蒸发有机溶剂或灼烧有机物。

④热的浓高氯酸与某些粉状金属作用时，可能因产生氢气而引起剧烈爆炸。因此，溶解试样时应用其他酸溶解，或同时加入其他酸低温加热直到试样全部溶解，避免高氯酸单独与金属粉末作用。

（5）易与二氧化碳作用的物质

碱类物质（如氢氧化钠、氢氧化钙等）、弱酸盐类物质（如硅酸钠、漂白粉等）、过氧化钠、碱石灰等应密封保存。

（6）易分解的物质

浓硝酸、硝酸银、溴化银、碘化银、氯水、溴水、高锰酸钾、过氧化氢等见光易分解的物质，应保存在棕色瓶中,放于阴暗处。

(7)易挥发的物质

浓氨水和所有有机溶剂等化学品,必须密封并存放在低温环境中。液溴具有毒性且易于挥发,因此需要将其存放在磨砂细口瓶中,加水密封,再塞上玻璃塞,并用蜡封好,放在阴凉处。

(8)易燃性液体

乙醇、乙醚、丙酮、二硫化碳、苯、甲苯、汽油等有机溶剂极易挥发成气体,遇明火即燃烧。因此,这些液体必须妥善密封保存,并单独存放于阴凉、通风的环境中,远离火源。

思政花园:近年来,某些高校实验室爆炸的新闻屡见不鲜。某校实验室在做氧化反应实验时,因没有严谨的实验方案论证,添加双氧水、乙醇等化学原料速度太快,导致爆炸事故。同学们要从真实案例中吸取教训,明白遵守实验安全规则的必要性,要形成严谨守规的良好操作习惯,增强安全意识。

3. 化学实验室"三废"处理

化学实验室经常会产生某些有毒的气体、液体或废渣,需要处理。如果直接排出,可能污染周围的空气和水源,造成环境污染,损害人体健康。因此,对废液、废气和废渣要统一进行回收,或经过一定的处理后才能排放。

化学废弃物回收须严格遵守危险化学废弃物回收管理规定:

①危险化学废弃物管理工作遵循"专人管理、分类收集、安全存放、定期回收、统一处置"的原则。

②严禁将可能污染环境的化学废液、废渣倒入普通下水道;严禁将危险化学废弃物(包括受沾染的容器)混入生活垃圾中随意弃置或填埋。

③危险化学废弃物应按规范分类收集、贮存。

④废弃的易燃易爆类试剂,应单独收集、谨慎操作、妥善贮存,并在外包装明显位置标明其危险性。

⑤废弃物的贮存容器(如纸箱、废液桶等)应密闭可靠,无破损、倾斜、倒置及渗漏等现象。

⑥化学实验室不得长期、大量堆放危险化学废弃物。

⑦危险化学废弃物应按安全特性分类收集和存放,并在容器外注明详细的废液内容信息。剧毒化学废物、易燃易爆化学废物必须单独收集、妥善存放,不得混入普通危险化学废弃物中。

⑧剧毒化学废弃物、易燃易爆化学废弃物的回收工作可根据需要随时进行。

(1)废气的排放

①对少量的有毒气体,可通过通风橱经稀释后排至室外;通风管道应有一定高度,使排出的气体易被空气稀释。

②大量的有毒气体必须经过处理(如吸收处理或与氧充分燃烧),然后才能排到室外。如氮、硫、磷等酸性氧化物气体,可用导管通入碱液中,使其被吸收后排出。

(2)废渣的排放

①废渣应根据其化学特性选择合适的容器和存放地点,密闭存放,禁止混合贮存。

②容器要防渗漏,防止挥发性气体逸出而污染环境。容器标签必须标明废弃物种类和贮存时间,且贮存时间不宜太长,贮存数量不宜太多;存放地要有良好通风条件。剧毒、易

燃、易爆药品的废弃物,其贮存应按危险化学品管理规定办理。

（3）废液的排放

废液的处理与其性质有关,不同废液的处理方法不同。一般废液可通过酸碱中和、混凝沉淀、次氯酸钠氧化等方法处理后排放;对高浓度废酸、废碱液,要经中和至近中性（pH＝6～9）后方可排放。

思政花园:实验室的"三废"处理是十分重要的。随意排放实验室废弃物会对环境和人类健康造成潜在危害。在化学实验室中,同学们需安全储存和处理废物,防止泄漏和事故发生;遵循科学的处理方法,确保处理效果和安全;树立正确的环境责任观和社会责任感。

▶▶ **任务实施**

查阅相关资料,完成表9-1的内容。

表 9-1　化学品标识整理

化学品标识	化学品种类			
	爆炸品	易燃液体	腐蚀性	氧化剂
底色				
图形				
文字				
图标				

评分要求:整理好每种化学品标识,回答正确、完整且图标清晰,得25分。（总分100分）

▶▶ **任务拓展**

通过查阅相关资料,对危险试剂和非危险试剂的分类进一步细分,掌握化学实验室试剂的使用要求。

▶▶ **知识拓展**

危险化学品是指具有毒害、腐蚀、爆炸、燃烧、助燃、放射性等危险特性,对人体健康或者环境造成危害的物品。我国将危险化学品按照其危险性划分为八大类:

①爆炸品:在外界作用下（如受热、摩擦、撞击等）,能发生剧烈的化学反应,瞬时产生大量的气体和热量,使周围压力急剧上升,发生爆炸,对周围环境造成破坏的物品。这类物品包括整体爆炸物品、抛射爆炸物品、燃烧爆炸物品、一般爆炸物品和不敏感爆炸物品,需与可燃物和易产生火花的设备隔离存放。

②压缩气体和液化气体:压缩、液化或加压溶解的气体。这类物品当受热、撞击或强烈震动时,容器内压力会急剧增大,致使容器破裂爆炸,或导致气瓶阀门松动漏气,酿成火灾或中毒事故。按其性质可分为易燃气体、不燃气体（包括助燃气体）和有毒气体,应避免日晒,不能放在热源附近。

③易燃液体:闪点等于或低于61 ℃的液体、液体混合物或含有固体物质的液体（不包括因其危险性已列入其他类别的液体）。本类物质在常温下易挥发,其蒸气与空气混合能形成爆炸性混合物。按闪点可分为低闪点液体（闪点＜－18 ℃）、中闪点液体（－17 ℃≤闪点＜23 ℃）和高闪点液体（23 ℃≤闪点≤61 ℃）,应干燥保存,存放在室温不超过30 ℃（最好在

20 ℃以下)的环境中。

④易燃固体、自燃物品和遇湿易燃物品:本类物品易于引起和促成火灾。易燃固体指燃点低,对热、撞击、摩擦敏感,易被外部火源点燃且燃烧迅速,并可能散发出有毒烟雾或者有毒气体的固体;自燃物品指在空气中易于发生自燃的物品;遇湿易燃物品指遇水或受潮时发生剧烈化学反应,放出大量的易燃气体和热量的物品。存放时要注意库房的通风、阴凉、干燥,并具有防热降温措施。

⑤氧化剂和有机过氧化物:本类物品具有强氧化性,易引起燃烧、爆炸。氧化剂指处于高氧化态,具有强氧化性,易分解并放出氧和热量的物质;有机过氧化物指分子组成中含有过氧键的有机物,其本身易燃易爆、极易分解,对热、震动和摩擦极为敏感。应存放在阴凉通风处。

⑥毒害品和感染性物品:进入肌体后,累积达一定的量时能与体液和组织发生生物化学作用或生物物理学作用,扰乱或破坏肌体的正常生理功能,引起暂时性或持久性的病理改变,甚至危及生命的物品。这类物品包括毒害品和感染性物品,其中,毒害品按其毒性大小分为一级毒害品和二级毒害品,应锁在固定的铁柜中,由专人负责保管,每次取用有严格的用量登记。

⑦放射性物品:放射性物品的分项方法很多,包括按物理形态分项(如固体放射性物品、粉末状放射性物品等)、按放出的射线类型分项(如放出 α、β、γ 射线的放射性物品等)及按放射性大小分项(如一级放射性物品、二级放射性物品等)。受到放射线过量照射或吸入放射性粉尘可能引发放射病,所以放射性物品应远离生活区,存放在专用的安全贮藏场所。

⑧腐蚀品:能灼伤人体组织并对金属等物品造成损坏的固体或液体,应放在用抗腐蚀性材料制成的架子上贮存。

▶ **自主学习资源库**

①https://www.foodmate.net/
②GB 15346-2012 《化学试剂 包装及标志》
③GB 190-2009 《危险货物包装标志》

任务 9.2 气体的安全使用

▶ **任务描述**

实验室气体钢瓶种类繁多,常涉及易燃易爆、有毒气体。实验室气体的安全使用是确保实验室工作人员安全、防止实验事故和环境污染的关键环节。本任务中,学生主要学习气瓶基本知识、压缩气体钢瓶的使用和气瓶检漏方法。通过本任务的学习,学生能规范操作气瓶,养成规范操作的习惯,树立安全意识与环保意识。

▶ **知识准备**

1.气瓶使用的通用规则

①高压钢瓶必须分类保管,远离明火、热源(距离不小于 10 m);避免暴晒、雨淋、水浸及强烈震动;必须与爆炸物品、氧化剂、易燃物、自燃物及腐蚀性物品隔离。

②搬运钢瓶应使用专用小车,严禁滚、撞、扔、摔;为了保护开关阀,避免偶然转动,要旋

紧钢瓶上的安全帽;移动钢瓶时不能手扶开关阀。

③钢瓶使用的减压器要专用。氧气钢瓶使用的减压器可用在氮气或空气钢瓶上;用于氮气钢瓶的减压器如要用在氧气钢瓶上,必须将油脂充分洗净。

④装减压器前要清除开关阀接口处的污垢;安装时,螺扣要上紧。使用时,先打开钢瓶阀,观察减压阀高压端压力表指针动作,待到适当压力后再缓缓开启减压阀,直至低压端压力表指针到需要压力为止。

⑤钢瓶要直立固定。开启钢瓶时,操作人员必须站于侧面,以免高速气流或阀件射伤人体。开阀要缓慢。使用后,先关闭瓶阀,放尽减压器进出口气体,再松开减压器螺杆。

⑥开启或关闭瓶阀时,应使用手或专用扳手,不准使用其他工具,以防损坏阀件。装有手轮的阀门不能使用扳手操作。如果阀门损坏,应将气瓶隔离并及时维修。

⑦瓶内气体不得用尽,必须留有剩余压力。压缩气体气瓶的剩余压强应不小于0.05 MPa;液化气体气瓶应留有0.5%~1.0%规定充装量的剩余气体。

⑧钢瓶是专用的压力容器,必须定期进行技术检验。一般气体钢瓶每三年检验一次,腐蚀性气体钢瓶每两年检验一次。

⑨气瓶失火时,应根据不同气体采取不同的灭火措施,例如水流、二氧化碳等。

⑩钢瓶必须专瓶专用。气瓶投入使用后,不得对瓶体进行挖补或焊接修理;严禁将气瓶用作支架等其他用途。气瓶使用完毕,要妥善保管。气瓶上应有状态标签("空瓶""使用中""满瓶")。

2. 各类气体钢瓶的注意事项

(1)氧气钢瓶

①氧气瓶外表漆成天蓝色,并用黑漆标明"氧气"字样。

②氧气是强烈的助燃气体,纯氧在高温下活泼。

③温度不变而压力增加时,氧气可与油类发生强烈反应而引起爆炸;因此,氧气钢瓶严禁同油脂接触。

④氧气钢瓶中绝对不能混入其他可燃气体。

(2)氢气钢瓶

①氢气瓶为淡绿色,并有红色字体标明"氢气"字样。

②氢气单独存在时比较稳定,但它易与其他气体混合。

③氢气与空气混合气的爆炸极限是:爆炸下限为4.1%,爆炸上限为74.2%。

④要经常检查氢气导管是否漏气。

⑤氢气钢瓶不得与氧气、压缩空气等助燃气体混合贮存,也不能与剧毒气体及其他化学危险品混合贮存。

(3)乙炔钢瓶

①乙炔瓶为白色,并有红色的字体标明"乙炔"字样。

②乙炔钢瓶内填充有颗粒状的活性炭、石棉或硅藻土等多孔性物质,并掺入丙酮,使通入的乙炔溶解于丙酮中。15 ℃时,瓶内压力达1.5×10^6 Pa。乙炔钢瓶不得卧放,用气速度也不能过快,以防带出丙酮。

③乙炔为高度不饱和易燃气体。乙炔含量为7%~13%的乙炔-空气混合气体,以及乙炔含量为30%左右的乙炔-氧气混合气体最易爆炸。

④乙炔和铜、银、汞等金属及其盐类长期接触,会形成乙炔铜、乙炔银等易燃物质。因此,盛装乙炔的器材不能使用含银或含铜量 70% 以上的合金。

⑤乙炔和氯、次氯酸盐等化合会发生爆炸燃烧。

⑥充装后的乙炔气瓶要静置 24 h 后使用。

⑦钢瓶内乙炔压强降至 $2.9 \times 10^5 \sim 4.9 \times 10^5$ Pa 时停止使用。

⑧一旦燃烧引发火灾,严禁用水或泡沫灭火器扑救,要使用干粉、二氧化碳灭火器或干砂扑灭。

气体钢瓶颜色喷涂位置及标记如图 9-1 所示。

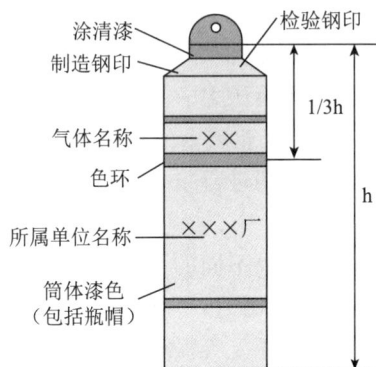

图 9-1 气瓶颜色喷涂位置及标记示意图(江施云绘制)

3. 气瓶检漏

气瓶漏气主要发生在瓶阀处,其原因一般有以下几种:

①瓶阀开关松动、失灵,瓶阀断裂。

②瓶阀装置和瓶体热胀冷缩不一致,形成裂缝。

③减压器与瓶体连接处密封不严。

检查钢瓶是否漏气可采取以下方法:

①感官法:采取耳听鼻嗅的方法。如听到钢瓶有"咝咝"的声音,或者嗅到有强烈刺激性臭味或异味,即可定为漏气。这种方法很简便,但有局限性,对剧毒气体和某些易燃气体检漏时不适用。

②涂抹法:把肥皂水抹在气瓶检漏处,若有气泡发生,则可判定为漏气。此法使用较普遍、准确,但注意对氧气瓶检漏时严禁使用肥皂水,以防肥皂水中的油脂与氧接触发生剧烈的氧化。

③气球膨胀法:用软胶管套在气瓶的出气嘴上,另一端连接气球。如气球膨胀,则说明有漏气现象。此法最适用于剧毒气体和易燃气体检漏。

④化学法:将事先准备好的化学药品与检漏点处的气体接触,如果发生化学反应,并出现某种外观特征,则判定为漏气。例如,检查乙炔钢瓶可用棉花蘸氨水接近检漏点,若产生氯白雾,即证明漏气;检查液氨钢瓶可用被水湿润后的红色石蕊试纸接近气瓶漏气点,若试纸由红色变成蓝色,则说明漏气。此法仅用于某些剧毒气体检漏。

思政花园:通过学习气瓶安全操作规程(如气瓶与减压阀、软管等连接必须牢固,避免漏气),培养同学们严谨认真的科学态度。

▶ **任务实施**

完成气瓶使用隐患排查的任务。

1. 仪器设备

虚拟仿真软件、电脑。

2. 操作步骤

①实验员穿戴实验服、防护眼镜和实验手套,完成个人防护用品的穿戴。

②通过房间快速跳转按钮或自主漫游形式,可到达各实验室,对实验室中的隐患进行逐一排查。

3. 评分要求

准确找到 15 个隐患点,每个隐患点 5 分;在规定的时间内完成,得 25 分。(总分 100 分)

▶ **任务拓展**

查找文献,学习气瓶使用管理制度,以巩固气瓶安全使用的知识与技能。

▶ **知识拓展**

气瓶附件是为安全、控制和操作需求安装在气瓶口上的部件的总称,它们对于确保气瓶的安全使用至关重要。

1. 瓶阀

瓶阀是装在气瓶瓶口上的用于控制气体进入或排出的组合装置。气瓶瓶体只有装有瓶阀,才能构成一个完整的密闭容器,具有盛装气体的功能。瓶阀的设计和使用需满足以下要求:

①瓶阀出气口的连接形式和尺寸需设计成能够防止气体错装错用的结构。例如,盛装助燃和不可燃气体的瓶阀的出气口螺纹为右旋,可燃气体瓶阀的出气口螺纹为左旋。

②工业用非重复充装焊接气瓶的瓶阀需设计成不可重复充装的结构,瓶阀与瓶体的连接采用焊接形式。

③瓶阀材料与气瓶所充装的气体需具有相容性,以避免发生化学反应。例如,与乙炔接触的瓶阀材料需选用含铜量小于 65% 的铜合金,以防止生成爆炸性化合物乙炔铜。

④盛装易燃气体的气瓶瓶阀的手轮需选用阻燃材料制造,以确保在火灾等极端情况下仍能正常操作。

2. 瓶帽

瓶帽是装在气瓶顶部、阀门之外的帽罩式安全附件,是气瓶保护帽的简称。其主要功能是避免气瓶在搬运、运输或使用过程中受到碰撞或冲击而损伤阀门。瓶帽的设计和使用需满足以下要求:

①瓶帽应具有良好的抗撞击性,不得用灰口铸铁等易碎材料制造。

②为防止气体泄漏或由于超压泄放造成瓶帽爆炸,瓶帽上应开有对称的泄气孔。

③公称容积≥10 L 的钢质焊接气瓶应装配不可拆卸的保护罩或固定式瓶帽,以确保瓶阀在运输和使用过程中的安全。

3. 保护罩

保护罩是为保护瓶帽、瓶阀或易熔塞免受撞击而设置的敞口屏罩式零件,也可兼作提升零件,多用于焊接气瓶及液化石油气瓶。保护罩应为不可拆卸结构,以确保其保护作用的持久性。

4. 安全泄压装置

安全泄压装置是在设备超压运行时能迅速自动泄放气体、降低压力的装置,以保护设备不因过量超压而发生爆炸。目前常用的安全泄压装置有以下几种:

①易熔塞合金装置:动作温度有 102.5 ℃、100 ℃和 70 ℃三种,根据气瓶的工作压力和介质特性选择合适的动作温度。

②爆破片装置:当气瓶内压力达到规定的压力限定值时,爆破片立即破裂形成通道,使气瓶排气泄压。

③安全阀:结构简单、紧凑,可重新关闭并保持密封状态,但泄压反应较慢,对介质洁净度要求较高。

④爆破片-易熔塞复合装置:具有双重密封结构,一般不会发生误动作,适用于对密封性有特殊要求的场合。

5. 防震圈

防震圈是套在气瓶外面的弹性物质,其主要功能是防止气瓶受到直接冲撞,同时也有利于保护气瓶外表面漆色、标字和色环等识别标记。防震圈应具有一定的抗拉强度、弹性和塑性以及硬度,以确保其保护作用的有效性。

此外,气瓶附件还包括气瓶专用爆破片、液位计、紧急切断装置和充装限位装置等,这些附件的选用和安装也需根据气瓶的特性和使用要求来确定。

总之,气瓶附件是确保气瓶安全使用的重要组成部分。在使用过程中,应定期检查和维护这些附件,以确保其正常工作并发挥应有的保护作用。

▶ 自主学习资源库

①https://www.foodmate.net/
②GB/T 7144—2016 《气瓶颜色标志》
③GB/T 34525—2017 《气瓶搬运、装卸、储存和使用安全规定》

任务 9.3　用电安全

▶ 任务描述

实验室中的电器设备若使用不当、管理不善,会引起电器事故,掌握一定的电器安全知识是十分必要的。本任务中,学生主要学习安全用电规则、防电安全常识和触电救护,通过学习养成安全用电习惯,树立安全用电意识。

▶ 知识准备

1. 安全用电规则

①室内电路须按用电总负荷量设计要求布线并安装总配电装置。实验室内不得有裸露的电线,电闸、开关应完全合上或断开,避免接触不良导致的火花引发易燃物爆炸。禁止使用金属器皿(如坩埚钳等)关合电闸。

②各种电器设备及电线必须始终保持干燥,不得浸湿,以防短路引起火灾或损坏电器。

③为防止触电和漏电事故,应安装附加的触电防护装置。可以在总电闸或电力线的适当部位安装多种保护装置,除保险丝外,还包括过电压、过电流保护继电器、漏电自动开关和

触电保安器等。保险丝熔断时,应检查原因,不得任意加粗保险丝,更不允许用铜丝代替。

④室内应安装可靠的保护接地线,其电阻应不大于 4 Ω,以防设备的绝缘损坏而导致带电。

⑤自行检修低压电路和排除仪器故障应尽量在切断电源后操作。若必须带电操作,操作工具必须绝缘良好;高压电流作业必须穿电工用胶鞋、戴橡皮手套并站在绝缘地板上。

⑥清扫电源开关配电箱时,严禁使用铁柄毛刷或湿布。

⑦检查用电插头,杜绝虚插现象。

⑧所用插线板须满足新国标要求,不得多个串接;单个插线板所接设备的总功率不得超过核定功率,且不得置于地面,应置于高处并固定;须避免液体溅入。

⑨大功率用电设备须使用单独的插座,最好加装自动保护开关。

⑩烘箱、马弗炉、高温管式炉等加热设备应放置在通风干燥处,不可使用接线板供电。顶面不得堆放物品,周围不得存放易燃、易爆、易挥发性化学品以及纸板、泡沫、塑料等易燃物品,周边不得放置冰箱、气瓶等设备。烘箱的进风口和出风口位置应保持通畅,热风出口及上方应避免任何形式的布线。应在烘箱、电阻炉等加热设备旁醒目位置张贴高温警示标识及安全操作规程。严禁无人监管运行,严禁将易燃、易爆、易挥发性物品置于普通烘箱中加热,以免发生爆炸、火灾等事故。

⑪检查热源附近的电线是否老化,电线是否存在裸露线头。

⑫配电箱前方应无遮挡和障碍物,便于紧急情况下能快速切断电源。

⑬电压不稳定时务必关闭用电设备。若用电设备、线路、开关等出现打火、焦糊味等异常,须立即切断电源,并及时报告、维修。

⑭所有实验室必须做到"人走电关",人员长时间离开时要关闭总电源。长时间通电设备须设专线。

⑮严禁私拉乱接电源,严禁违章违规使用电器,严禁电源线路超负荷使用。

2. 安全用电的基础知识

(1)安全电流和安全电压

①安全电流:

通过人体电流的大小对电击的后果起决定作用。一般交流电比直流电危险,工频交流电最危险。通常把 10 mA 的工频电流或 50 mA 以下的直流电看作安全电流。

②安全电压:

触电后果的严重性取决于电压,因此在不同环境下采用适当的"安全电压"至关重要,以确保在触电时能够自主脱离电源。电器设备的安全电压如超过 24 V,必须采取其他能防止直接接触带电体的保护措施。预防触电的可靠方法之一是采用保护性接地,其目的就是在电器设备漏电时,使其对地电压降到安全电压(40 V 以下)范围内。因此,实验室所用的在1 kV 以上的仪器必须采用保护性接地。

(2)触电对人的伤害

①触电伤害的主要形式分为电击和电伤两大类:

a.电击:电流通过人体内部器官,会破坏人的心脏、肺部、神经系统等,可能使人出现痉挛、窒息、心室纤维性颤动、心搏骤停等情况,甚至导致死亡。

b.电伤:电流通过体表时,会对人体外部造成局部伤害,即电流的热效应、化学效应、机械效应对人体外部组织或器官造成伤害,如电灼伤、金属溅伤、电烙印。

②电流通过的途径及危害:

电流通过头部会使人昏迷,通过脊髓会使人截瘫,通过中枢神经会引起中枢神经系统严重失调而导致死亡。最危险的电流路径是由胸部到左手,从脚到脚是危险性较小的路径。

(3)身体防护

①绝缘:用电阻不低于导体电阻 1000 倍的绝缘层将带电导体隔离,使人体不能直接接触导体,以达到安全目的。

②屏护:采用醒目牢固的围栏、遮拦、屏障、护罩、护盖、箱匣等物体,将带电体与外界隔绝开来,以防止无意触及带电体。

③间隔:与带电体保持一定的空间距离。

④定期检查线路和电路设备的接地情况,注意负荷较大的电器要用符合规定标准的粗芯电线。

⑤根据需求配备漏电保护装置。

3. 触电救护

(1)触电急救

①尽快让触电人员脱离电源。应立即关闭电源或拔掉电源插头;若无法及时找到或断开电源,可用干燥的木棒、竹竿等绝缘物挑开电线,不得直接触碰带电物体或触电者的裸露身体。

②实施急救并就医。触电者脱离电源后,应迅速将其移到通风干燥的地方仰卧。若触电者呼吸、心跳均停止,应在保持触电者气道通畅的基础上,立即交替进行人工呼吸和胸外按压等急救措施,同时立即拨打"120",尽快将触电者送往医院,途中持续进行心肺复苏术。

(2)人工呼吸施救要点

①将伤员仰头抬颏,取出口中异物,保持气道畅通。

②捏住伤员的鼻翼,口对口吹气(不能漏气),每次持续 1~1.5 s,频率为每分钟 12~16 次。

③若伤员牙关紧闭,可口对鼻进行人工呼吸,注意不要让嘴漏气。

(3)胸外按压施救要点

①找准按压部位:右手的食指和中指沿触电者的右侧肋弓下缘向上,找到肋骨和胸骨接合处的中点;两手指并齐,中指放在切迹中点(剑突底部),食指平放在胸骨下部;另一只手的掌根紧贴食指上缘,置于胸骨上,即为正确按压位置。

②按压动作规范:两臂伸直,肘关节固定不弯曲,两手掌根重叠,垂直将成人胸骨压陷3~5 cm,然后放松。

③按压频率:以均匀速度进行,约每分钟 80 次。

▶▶ **任务实施**

完成实验室用电隐患排查的任务。

1. 仪器设备

虚拟仿真软件、电脑。

2. 操作步骤

①实验员穿戴实验服、防护眼镜和实验手套,完成个人防护用品的穿戴。

②通过房间快速跳转按钮或自主漫游形式,可到达各实验室,对实验室中的隐患进行逐一排查。

3. 评分要求

准确找到 15 个隐患点,每个隐患点 5 分;在规定的时间内完成,得 25 分。(总分 100 分)

▶▶ **任务拓展**

查找文献,学习电热烘箱、电磁炉、马弗炉等设备的用电守则,以巩固用电安全知识。

▶▶ **知识拓展**

实验室电器安全判断的主要方法有外观检查、功能测试、环境检查等。

1. 外观检查

①电线和插头:检查电线是否老化、破损、裸露或磨损,插头是否松动、变形或损坏。这些问题都可能导致电器设备工作异常或引发触电事故。

②设备外壳:观察设备外壳是否完整,有无裂缝或破损。如果外壳破损,内部的带电部件可能会暴露出来,增加触电风险。

③绝缘材料:检查设备上的绝缘材料是否老化、硬化或开裂。绝缘材料的作用是防止电流泄漏和触电,如果老化或损坏,将失去保护作用。

2. 功能测试

①接地测试:使用接地测试仪检测电器设备的接地是否良好。接地不良可能导致设备漏电或短路,引发触电或火灾事故。

②漏电保护测试:对于配备漏电保护器的电器设备,应定期测试其保护功能是否正常。可以通过按下漏电保护器上的测试按钮,检查其是否能在规定时间内切断电源。

③过载测试:在允许的情况下,可以通过增加负载来测试电器设备的过载保护功能是否正常。如果设备在过载时未能及时切断电源,则存在安全隐患。

3. 环境检查

①温度:检查电器设备是否处于适宜的工作温度范围内。过高或过低的温度都可能导致设备性能下降或损坏,从而引发安全隐患。

②湿度:保持实验室环境干燥,避免电器设备受潮。潮湿的环境可能导致电器设备绝缘性能下降,增加触电风险。

③通风:确保实验室通风良好,避免电器设备过热或产生有害气体。良好的通风可以帮助散热和排出有害气体,降低安全隐患。

▶▶ **自主学习资源库**

①https://www.foodmate.net/

②GB 50052—2009 《供配电系统设计规范》

任务 10　化学实验室事故的预防及处理

学习目标

知识目标

①了解化学实验中常见事故的预防措施。

②掌握化学药品泄漏的应急处理措施。

③掌握烫伤、割伤、化学品溅入眼睛等常见意外事故的处理方法。

技能目标

①能正确处理实验室一般伤害事故。

②能列举防止实验室安全事故发生的措施。

素质目标

①培养学生严谨规范、耐心细心的检测岗位工作作风。

②培养学生形成认真负责、诚实守信的工作态度。

③提高学生分析问题和解决问题的能力。

④培养学生规范的操作习惯,树立 HSE 理念。

⑤培养学生爱劳动、会劳动的意识,保持实验过程整洁、干净的职业素养。

⑥培养学生的食品检测行业质量意识、环保意识、安全意识。

任务描述

化学实验要求操作人员严格遵守实验规则,掌握实验室安全常识,保持正常的实验环境和秩序,防止意外事故的发生,确保实验安全、顺利地进行。本任务中,学生主要学习实验室事故的预防及处理措施。通过本任务的学习,学生应树立安全意识和质量意识。

知识准备

1. 实验室起火、起爆的预防

(1)预防加热起火

①在火焰、电加热器或其他热源附近严禁放置易燃物。

②加热用的酒精灯、喷灯、电炉等加热器使用完毕时,应立即关闭。

③灼热的物品不能直接放置在实验台上,各种电加热器及其他温度较高的加热器都应放置在石棉板上。

④倾注或使用易燃物时,附近不得有明火。

⑤蒸发、蒸馏和回流易燃物时,不得用明火直接加热或用明火加热水浴,应根据沸点高低分别用水浴、砂浴或油浴等加热。

⑥在蒸发、蒸馏或加热回流易燃液体的过程中,分析人员严禁擅自离开。

⑦实验室内不宜存放过多的易燃品。

⑧切勿使用带有磨口塞的玻璃瓶来储存易爆物质,以防止在关闭或开启玻璃塞时,由于

摩擦而引发爆炸。必须使用软木塞或橡皮塞,并确保其保持干净。

⑨不慎将易燃物倾倒在实验台或地面上时,必须:

a.迅速断开附近的电炉、喷灯等加热源。

b.立即用毛巾、抹布将流出的液体吸干。

c.室内立即通风、换气。

d.身上或手上沾有易燃物时,应立即清洗干净,不得靠近火源。

(2)预防化学反应热起火和起爆

①分析人员对于要进行的实验,须了解其反应特性和所用化学试剂的特性。对有危险的实验,要准备应有的防护措施及发生事故后的处理方法。

②易燃、易爆物的实验操作应在通风橱内进行,操作人员应戴橡皮手套、防护眼镜。

③在未充分了解实验反应之前,试料的用量应从最小量开始。

④及时销毁残存的易燃易爆物。

(3)预防容器内外压力差引起爆炸

①预防减压装置爆炸,减压容器的内外压力差不得超过 1 atm(标准大气压)。

②预防容器内压力增大引起爆炸的措施:

a.低沸点和易分解的物质可保存在厚壁瓶中,放置在阴凉处。

b.所有操作应按操作规程进行。反应太剧烈时,一定要采取适当措施以减缓反应速度。

c.确保仪器安装正确,避免在加热过程中形成封闭系统。

d.对有可能发生爆炸的实验一定要小心谨慎,严格遵守操作规程。绝对禁止不了解实验的人员操作,且严禁一人单独在实验室工作。

2.防止触电

使用电器时,应防止人体与电器导电部分直接接触,不能用湿的手或湿的物体接触电源插头。为了防止触电,装置和设备的金属外壳等都应连接地线。实验台应保持干燥,以防电器漏电。实验结束后应立即切断电源,并拔下电源插头。

3.防止中毒

化学药品大多具有不同程度的毒性,中毒主要是由皮肤或呼吸道接触有毒药品引起的。实验中要防止中毒发生,切记注意以下几点:

①对剧毒试剂必须制定保管、使用登记制度,并由专人、专柜保管。实验室常见的剧毒试剂有甲硫磷、久效磷、对硫磷、甲胺磷、硫酸、氯化汞、氯化氰、氰化钾、氧化钠、氰化氢、三氯硝基甲烷、三氧化二砷(砒霜)、五氧化二砷、氧化汞等。

②涉及腐蚀、刺激及有毒气体的实验,必须在通风橱内进行操作,并戴上防护用具,尽可能避免有机物蒸气在实验室内扩散。实验室常见的强酸有硫酸、硝酸、盐酸、高氯酸、硒酸、氢溴酸、氢碘酸、氯酸等;常见的强碱为碱金属氢氧化物(锂、钠、钾)、碱土金属氢氧化物(钙、锶、钡);具有挥发性的试剂有氯化氢、乙醚、四氯化碳、二甲苯、四氯乙烯、甲苯、乙苯、苯乙烯等。

③进入实验室须穿工作服,实验完毕要清洗仪器设备并立即洗手。对沾染有毒物质的仪器和用具,实验完毕应立即采取适当方法处理,以破坏或消除其毒性。药品不要粘在皮肤上,尤其是极毒药品。称量任何药品都要使用工具,不得用手直接接触。

④严禁在实验室内饮水、进食。

4. 实验室一般事故的处理

（1）割伤

伤处不能用手抚摸，也不能用水洗涤。伤口内若有异物，须先挑出异物。轻伤可涂抹紫药水（或红汞、碘酒），或贴上"止血贴"；必要时撒布消炎粉或涂抹消炎膏，并用绷带包扎。伤势严重时应立即送医院治疗。

（2）烫伤

切勿用水冲洗伤处。伤处皮肤未破时，可在烫伤处涂擦饱和碳酸氢钠溶液，或用碳酸氢钠粉调成糊状敷于伤处；也可涂抹獾油、烫伤膏或万花油。如果伤处皮肤已破，可涂擦紫药水或 1% 高锰酸钾溶液。

（3）酸腐蚀

先用洁净的干布或吸水纸揩干，再用大量水冲洗；然后用饱和碳酸氢钠溶液（或稀氨水、肥皂水）冲洗，最后再用水冲洗。必要时送医院治疗。如果酸液溅入眼内，应立即用大量水冲洗，再用质量分数为 3%～5% 的碳酸氢钠溶液冲洗，并立即送医院治疗。

（4）碱腐蚀

先用洁净的干布或吸水纸揩干，再用大量水冲洗；然后用 3%～5% 的乙酸溶液或饱和硼酸溶液冲洗，最后用水冲洗。必要时送医院治疗。如果碱液溅入眼内，应立即用大量水冲洗，再用质量分数为 3% 的硼酸溶液冲洗，并立即送医院治疗。

（5）溴腐蚀

用苯或甘油清洗伤口，再用水冲洗。

（6）磷灼伤

用 1% 硝酸银、5% 硫酸铜或一定浓度的高锰酸钾溶液清洗伤口，然后包扎。

（7）中毒

溅入口中尚未吞下者应立即吐出，并用大量水冲洗口腔。如已吞下，应根据毒性使用相应解毒剂，并立即送医院。

①腐蚀性毒物：对于强酸中毒，应先饮大量水，然后服用氢氧化铝膏或鸡蛋清；对于强碱中毒，也应先饮大量水，然后服用醋、酸果汁或鸡蛋清。不论酸或碱中毒，皆需给予牛乳灌注并服用止吐剂。

②刺激性毒物及神经性毒物：先食用牛乳或鸡蛋清以冲淡并缓和毒性，给予中毒者服用少量 10 g/L 硫酸铜或硫酸锌溶液催吐。然后立即送医治疗。

③吸入气体：将中毒者移至室外，解开衣领及纽扣，使其呼吸新鲜空气。若吸入了溴气、氯气、氯化氢等气体时，可吸入少量酒精和乙醚的混合蒸气解毒，同时用碳酸氢钠溶液漱口。

（8）异物入眼

若试剂不慎溅入眼内，应立即使用洗眼杯或洗眼龙头冲洗，并迅速前往医院接受治疗。若碎玻璃意外飞入眼内，切记不可用手揉搓，应立即就医。

（9）触电

立即切断电源，必要时进行人工呼吸。

▶▶ **任务实施**

完成实验室酸液洒出事故处理的任务。

1. 仪器设备

虚拟仿真软件、电脑。

2. 操作步骤

①实验员穿戴防酸服、防护眼镜和防护手套,完成个人防护用品的穿戴。

②通过房间快速跳转按钮到达预处理实验室,进入实验室酸液洒出事故处理模块。

③取用物品架上的3%碱液中和酸液。

④用吸水棉处理打翻的酸液,并整理台面。

⑤打开窗户保持通风。

3. 评价表

事故处理评价见表10-1。

表 10-1　事故处理评价

项目	考核标准	分值	得分
个人防护	穿戴防酸服、防护眼镜和防护手套	20	
事故处理	取用3%碱液中和酸液回收废液	20	
	用吸水棉处理打翻的酸液	10	
	及时将处理物分类倾倒	20	
	打开窗户保持通风	20	
整理	按要求清洁实验台,整理台面	10	
合计			

▶ **任务拓展**

分组开展"酒精倾倒在实验台上而着火"的应急演练,通过训练提升实验室事故应急处理能力。

▶ **知识拓展**

1. 常用灭火器的适用范围和使用方法

常用灭火器的适用范围和使用方法见表10-2。

表 10-2　常用灭火器的适用范围和使用方法

灭火器类型	适用范围	使用方法
干粉灭火器	适用于扑灭易燃液体、气体以及带电设备的初起火灾。它能抑制燃烧的连锁反应,具有广泛的适用性	使用时,先拔掉保险销,再按下压把,干粉即可喷出。灭火时要接近火焰喷射,注意干粉喷射时间短,喷射前要选择好喷射目标。由于干粉容易飘散,不宜逆风喷射
二氧化碳灭火器	适用于扑救贵重仪器设备、档案资料、计算机室内火灾以及带电的低压电器设备和油类火灾。它灭火后不留痕迹,特别适用于需要保护现场的情况	使用时,先拔掉保险销,压下压把即可释放灭火剂。注意手指不宜触及喇叭筒,以防冻伤。二氧化碳灭火器射程较近,应接近着火点,在上风方向喷射
泡沫灭火器	主要适用于扑救液体火灾,如油类火灾。但需要注意的是,它不能扑救水溶性可燃、易燃液体的火灾(如醇、酯、醚、酮等物质)和电器火灾	使用时,先用手堵住喷嘴,将筒体上下颠倒两次,使泡沫喷出。对于油类火灾,不能对着油面中心喷射,以防着火的油品溅出,应顺着火源根部的周围,向上侧喷射,逐渐覆盖油面,将火扑灭

干粉灭火器、二氧化碳灭火器和泡沫灭火器的构造如图 10-1、图 10-2 和图 10-3 所示。

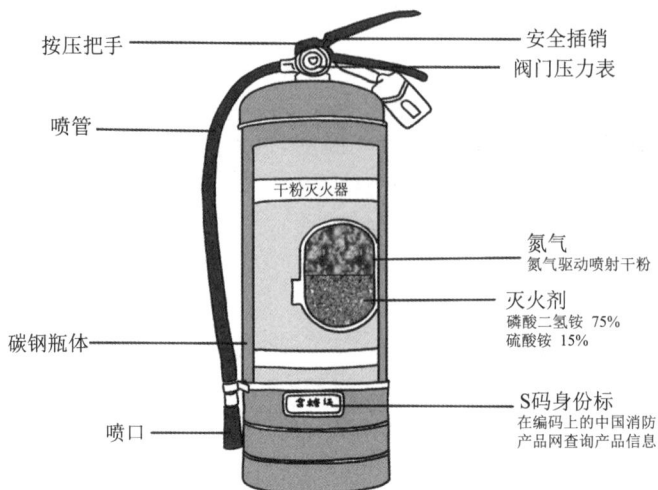

图 10-1　干粉灭火器示意图(江施云绘制)

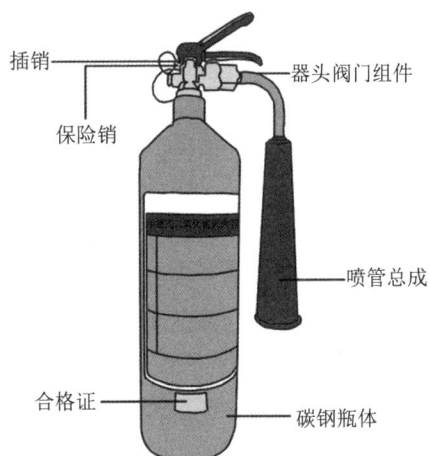

图 10-2　二氧化碳灭火器示意图(江施云绘制)

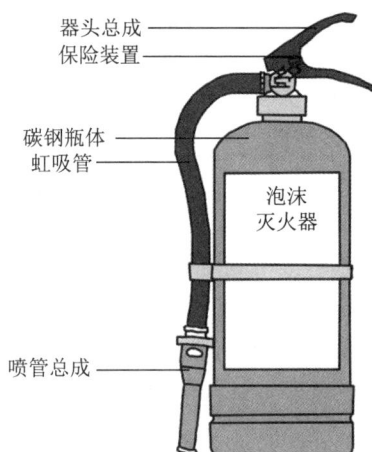

图 10-3　泡沫灭火器示意图(江施云绘制)

2.灭火器的维护

①灭火器要定期检查,并按规定更换零件。

②使用前必须检查喷嘴是否畅通,如有阻塞,应用铁丝疏通后才能使用。

③灭火器一定要固定放在实验室明显的地方,不能随意移动。

▶▶ **自主学习资源库**

①https://www.foodmate.net/

②GB 4351—2023 《手提式灭火器》

技能考核 1

橙子味碳酸饮料中总酸度的测定

1. 仪器设备

电子天平(0.0000 g)、托盘天平、水浴锅、电炉。

2. 器皿

碱式滴定管(50 mL)、移液管(20 mL、50 mL)、吸量管(10 mL、50 mL)、漏斗、锥形瓶(250 mL)、量筒(100 mL)、烧杯(100 mL、250 mL、500 mL、1000 mL)、容量瓶(200 mL、1000 mL)、试剂瓶(1000 mL)、称量皿、玻璃棒、聚乙烯塑料瓶、标签。

3. 材料和试剂

氢氧化钠(纯度达到 AR 级)、邻苯二甲酸氢钾(基准试剂)、酚酞指示剂、滤纸、活性炭。

4. 操作步骤

(1)氢氧化钠标准溶液的配制和标定

①氢氧化钠溶液(0.1 mol/L)的配制:用小烧杯在托盘天平上称取 120 g 固体 NaOH,加 100 mL 水,振摇,使之溶解成饱和溶液,冷却后注入聚乙烯塑料瓶中,密闭,放置数日,澄清后备用。准确吸取上述溶液的上层清液 5.6 mL,转移至 1000 mL 无二氧化碳的蒸馏水中,摇匀,贴上标签。

②氢氧化钠溶液(0.1 mol/L)的标定:用减量法精密称取在 105～110 ℃干燥至恒重的基准物质邻苯二甲酸氢钾 0.75 g 于锥形瓶中,加入无二氧化碳的蒸馏水溶解,加入酚酞指示剂 2 滴,用配好的氢氧化钠溶液滴定至溶液由无色变为粉红色,并保持 30 s 不褪色,记录所消耗氢氧化钠溶液的体积。平行测定 3 份,同时做空白试验。按下式计算氢氧化钠标准溶液的浓度:

$$c_{NaOH} = \frac{m_{KHC_8H_4O_4} \times 1000}{(V_{NaOH} - V_{空白}) \times M_{KHC_8H_4O_4}}$$

(2)样品处理

①除去二氧化碳:取饮料 200 mL 于 500 mL 烧杯中,置于 40 ℃水浴加热 30 min,以除去二氧化碳,冷却后备用。

②脱色:取冷却后的饮料 100 mL 于 250 mL 烧杯中,用活性炭进行脱色后,用漏斗过滤,取滤液备用。

③稀释 NaOH 溶液：准确吸取 0.1 mol/L NaOH 标准溶液 100 mL，转移至 200 mL 容量瓶中，用无二氧化碳的蒸馏水完成稀释定容的操作。

④酸度测定：准确吸取制备好的滤液 20 mL，加入酚酞指示剂 3～4 滴，用 0.05 mol/L NaOH 标准溶液滴定至微红色，30 s 不褪色，记录消耗 NaOH 标准溶液的体积。平行测定 3 份，同时做空白试验。

5. 数据记录

NaOH 溶液配制数据记录见表 11-1。

表 11-1　NaOH 溶液配制数据记录

测定次数	第 1 次	第 2 次	第 3 次	空白
邻苯二甲酸氢钾＋称量瓶质量/g				
倾倒后邻苯二甲酸氢钾＋称量瓶质量/g				
邻苯二甲酸氢钾质量/g				
NaOH 溶液初读数/mL				
NaOH 溶液终读数/mL				
V_{NaOH}/mL				
c_{NaOH}/(mol/L)				
NaOH 平均值/(mol/L)				
相对平均偏差				

饮料总酸度测定数据记录见表 11-2。

表 11-2　饮料总酸度测定数据记录

测定次数	第 1 次	第 2 次	第 3 次	空白
饮料滤液的取样量 m/mL				
NaOH 溶液初读数/mL				
NaOH 溶液终读数/mL				
V_{NaOH}/mL				
c_{NaOH}/(mol/L)				
饮料总酸度(以柠檬酸计)/(g/L)				
饮料总酸度(以柠檬酸计)平均值/(g/L)				
相对平均偏差				

6. 评价表

酸度测定操作评价见表 11-3。

表 11-3 酸度测定操作评价

项目	考核标准	分值	得分
托盘天平使用	规范熟练使用托盘天平称量	2	
吸量管操作	吸量管润洗规范	2	
	吸液、液面调节、放液操作规范	8	
容量瓶操作	规范操作玻璃棒引流	2	
	正确完成初步混匀	2	
	用胶头滴管完成定容	2	
	定容准确	2	
	混匀操作规范	2	
水浴锅操作	规范操作水浴锅,完成加热,赶走二氧化碳	4	
过滤操作	正确折叠滤纸并润湿	2	
	过滤装置安装正确	3	
	正确做到一贴二靠三低	5	
电子天平使用	使用规范电子天平完成标准物质的称量	7	
	称量范围准确	3	
移液管操作	移液管润洗规范	2	
	吸液、液面调节、放液操作规范	8	
滴定操作	碱式滴定管润洗规范	2	
	正确调零	3	
	碱式滴定管握法规范	4	
	碱式滴定操作规范,准确控制滴定速率	5	
	正确判定滴定终点	5	
	读数正确	4	
结果分析	原始数据记录规范	5	
	计算正确	10	
其他	按要求整理仪器和物品	3	
	按要求清洁实验台	3	
合计			

技能考核 2

脱脂乳中三聚氰胺含量检测（预处理部分）

1. 仪器设备

电子天平(0.00 g)、涡旋混合器、超声波清洗器、台式离心机、移液枪(1～5 mL)、固相萃取装置、干浴式氮吹仪。

2. 器皿

移液管(20 mL)、吸量管(2 mL、5 mL)、离心管(50 mL)、烧杯(50 mL、100 mL、250 mL、1000 mL)、试剂瓶(250 mL)、胶头滴管、具塞刻度管(10 mL)、进样瓶、移液枪枪头、注射器(2.5 mL)、微孔滤膜(0.2 μm)、阳离子交换固相萃取柱(60 mg、3 mL)。

3. 材料和试剂

脱脂乳、三氯乙酸溶液、乙腈、甲醇、蒸馏水、氨化甲醇溶液、流动相、滤纸、标签。

4. 操作步骤

(1)样品称量

称取 2.00 g(精确至 0.01 g)乳品试样于 50 mL 离心管中。

(2)样品提取

①准确移入 15.00 mL 三氯乙酸溶液和 5.00 mL 乙腈。

②涡旋混匀样品。

③超声提取 5 min。

④用 9000 r/min 的速度离心 5 min。

⑤吸取 4.00 mL 上清液，加入 2 mL 水，充分混匀后作为待净化液。

(3)样品净化

①依次用 3 mL 甲醇、5 mL 水活化固相萃取柱；转移待净化液至固相萃取柱；依次用 3 mL 水和 3 mL 甲醇淋洗；抽至近干后，用 6.00 mL 氨化甲醇溶液洗脱。

②洗脱液于 50 ℃下经氮吹至近干。

③向残留物中准确加入 2.00 mL 流动相，涡旋混匀 1 min，用 0.22 μm 滤膜过滤后，分别移至进样瓶中，做好标记。

5. 评价表

三聚氰胺含量检测操作评价见表 12-1。

表 12-1 三聚氰胺含量检测操作评价

项目	考核标准	分值	得分
天平操作	正确称取样品,无洒落	4	
移液管操作	移液管润洗规范	3	
	吸液、液面调节、放液操作规范	5	
	定量准确	2	
吸量管操作	吸量管润洗规范	3	
	吸液、液面调节、放液操作规范	5	
	定量准确	2	
涡旋混合器操作	正确使用涡旋混合器	2	
	充分混匀,样品无溅出或渗出	2	
超声波清洗器操作	正确使用超声波清洗	5	
	充分混匀,样品无溅出或渗出	2	
离心机使用	正确使用离心机	5	
	分层清晰,上层液澄清	3	
混匀待净化液	规范移取上清液和水	3	
	样品充分混合均匀	2	
固相萃取仪操作	正确安装固相萃取装置	4	
	规范移取甲醇和水活化固相萃取小柱	5	
	正确将样品净化液转移至固相萃取小柱	5	
	规范移取水和甲醇淋洗	3	
	规范移取氨化甲醇洗脱	5	
	合理使用真空泵	2	
氮吹仪操作	正确使用氮吹仪	5	
	氮吹终点合适	5	
进样过滤	用吸量管规范加入流动相	3	
	正确使用涡旋混合器	2	
	正确使用注射器吸液、放液,无滴洒	3	
	正确使用滤膜过滤	2	
	正确装入进样瓶	2	
其他	按要求整理仪器和物品	3	
	按要求清洁实验台	3	
合计			

参考文献

[1]符斌,李华昌.分析化学实验室手册[M].北京:化学工业出版社,2012.

[2]尹凯丹,张奇志.食品理化分析[M].北京:化学工业出版社,2008.

[3]谢碧秀.食品理化检测技术[M].北京:中国轻工业出版社,2024.

[4]李晓莉.分析化学[M].北京:中国轻工业出版社,2017.

[5]吴明珠,邓冬莉.分析化学及实验[M].3版.北京:科学出版社,2020.

[6]马强.基础化学实验:化学分析实验分册[M].3版.北京:高等教育出版社,2019.

[7]王冬梅,邱凤仙,谭正德,等.分析化学实验[M].2版.武汉:华中科技大学出版社,2017.

[8]赵天宝.化学试剂·化学药品手册[M].3版.北京:化学工业出版社,2019.

[9]金谷,姚奇志,江万权.分析化学实验[M].2版.合肥:中国科学技术大学出版社,2020.